UN MINUTO AL DÍA
CON EL ESPÍRITU SANTO

Evaristo Sada, L.C.

Sada Derby, Evaristo
　Un minuto al día con el Espíritu Santo / Evaristo Sada Derby

228 pp.; 12.9 × 19.8 cm.
Rústica
ISBN: 978-1981455515

1. Oración—Estudio y enseñanza. 2. Espíritu Santo- Devocionarios 3. Iglesia Católica—Oraciones y devociones.

Diseño de portada: Francisco Ortiz. Cuartel creativo

Segunda edición, 2017
ISBN: 978-1981455515

© 2017. Todos los derechos reservados
Asociación Cultural Carrasco, S.A. de C.V.
Col. San Miguel Chapultepec
Municipio/Delegación Miguel Hidalgo
Ciudad de México, C.P. 11850
México

La presente edición de la obra
Un minuto al día con el Espíritu Santo
Le pertenece al editor mediante licencia exclusiva. Queda prohibida la reproducción total o parcial, directa o indirecta por cualquier medio del contenido de la presente obra sin permiso previo del editor.

Introducción

El propósito de este libro es que conozcas de primera mano al Espíritu Santo y experimentes personalmente cómo Él transforma todo lo que toca.

Te propongo un encuentro diario con el Espíritu Santo. Le dedicas un minuto al día y Él se convierte en la Vida de tu vida. Será como el riego a goteo: una oración incesante que empapa el corazón sorbo a sorbo. Tu oración al Espíritu Santo te ayudará a permanecer unido a la Fuente para que el Río de la Vida visite tu existencia, bañe de amor tu corazón, te haga crecer como árbol frondoso, te fecunde, te cuaje de frutos y tus hojas sean medicinales para quienes traten contigo (cf Ap 22, 1ss).

> «Les aseguro: pidan y se les dará, busquen y encontrarán, llamen y se les abrirá. Porque el que pide, recibe; el que busca, encuentra; y al que llama, se le abrirá. ¿Hay algún padre entre ustedes que dé a su hijo una serpiente cuando le pide un pescado? ¿Y si le pide un huevo, le dará un escorpión? Si ustedes, que son malos, saben dar cosas buenas a sus hijos, ¡cuánto más el Padre del cielo dará el Espíritu Santo a aquellos que se lo pidan!» (Mt 7, 7-11).

Jesucristo nos lo entregó antes de volver al Padre: «E inclinando la cabeza, entregó el Espíritu» (Jn 19,

30); «Sopló sobre ellos y les dijo: Recibid al Espíritu Santo» (Jn 20, 22). Nos lo había prometido: «El agua que yo le daré se convertirá dentro de él en un surtidor de agua que salta hasta la vida eterna» (Jn 4, 14).

> «¿Por qué motivo se sirvió del término "agua", para denominar la gracia del Espíritu? Pues, porque el agua lo sostiene todo; porque es imprescindible para la hierba y los animales; porque el agua de la lluvia desciende del cielo, y además, porque desciende siempre de la misma forma y, sin embargo, produce efectos diferentes: Unos en las palmeras, otros en las vides, todo en todas las cosas. De por sí el agua no tiene más que un único modo de ser; por eso, la lluvia no transforma su naturaleza propia para descender en modos distintos, sino que se acomoda a las exigencias de los seres que la reciben y da a cada cosa lo que le corresponde. De la misma manera, también el Espíritu Santo, aunque es único, y con un solo modo de ser, e indivisible, reparte a cada uno la gracia según quiere. Y así como un tronco seco que recibe agua germina, del mismo modo el alma pecadora que, por la penitencia, se hace digna del Espíritu Santo, produce frutos de santidad. Y aunque no tenga más que un solo e idéntico modo de ser, el Espíritu, bajo el impulso de Dios y en nombre de Cristo, produce múltiples efectos» (San Cirilo de Jerusalén).

Esto es lo que te espera si lo invocas y le das acogida. «Él viene a donde es amado, a donde es invitado, a donde es esperado» (San Buenaventura). Está ante ti aguardando el encuentro.

Escoge tu primera oración: puedes usar la asignada al día o ve al índice temático y elige una que responda a tus necesidades personales.

Busca la calma, calma exterior, y sobre todo, interior, cierra los ojos y toma conciencia de la presencia cercana del Espíritu Santo que en lo más hondo de tu corazón te está amando. Aviva tu fe en su presencia, conecta con Él.

Con la confianza de que Él te escucha, lee la oración. Detente, deja que empape la tierra.

Vuelve a leerla, pero hazlo ahora con mayor lentitud y de ser posible en voz alta, apropiando cada una de las palabras. Saboréalas con calma, no como el niño impaciente que muerde y traga el caramelo de inmediato, sino dándole vueltas, en un acto de paciente asimilación.

Más allá del mensaje, haz tuyas las actitudes que el texto te propone: alabanza, humildad, gratitud, esperanza… Esto es lo más importante: las actitudes, el ejercicio de las virtudes teologales. Las oraciones no funcionan por sí mismas. Es preciso orar como la hemorroísa, que al tocar el manto de Jesús con toda la fe y la confianza de que fue capaz, experimentó al instante sobre su cuerpo el desbordamiento del Manantial del Amor con su impresionante poder curativo. «Cristo no cesa de envolver este mundo con la ternura de su Espíritu», «Con la Energía constante del Espíritu Santo en nuestro tiempo mortal, nos alcanza la irradiación del Día de la Resurrección» (Jean Corbon).

No tengas prisa de terminar, el Alfarero necesita tiempo para irte modelando en el silencio (cf Jer. 18). Gusta la presencia del Amor en persona en tu interior, es el gran regalo de Jesús, corresponde a su amor con más amor.

Durante la jornada recuerda que «En Él vivimos, nos movemos y existimos» (Act 17, 28): «vigila tu corazón, por que en él está la fuente de la vida» (Pr 4, 23). Dondequiera que estés y hagas lo que hagas: cree en su presencia, busca el encuentro, vive en comunión. Un lugar donde podrás escucharlo con particular claridad son las personas: estrellas bellas y luminosas que transparentan el amor de Dios. Como dice San Paulino de Nola: «Estemos pendientes de los labios de los fieles, porque en cada fiel sopla el Espíritu de Dios». Es evidente que algunos son como pozos profundos que el Padre pone a nuestro alcance, para que disfrutemos la dulzura del Manantial que mana fecundo en el jardín de su alma.

Para formar el hábito de la presencia de Dios, te recomiendo rezar más de una vez la oración al Espíritu Santo: al iniciar la jornada, a mediodía y por la noche. La primera te ayudará a acoger su presencia, la segunda a permanecer en su presencia, la tercera a descansar en ella.

Verás que algunos días, más que oraciones formuladas, propongo instrucciones a seguir. Espero que con la ayuda de estos medios, tu vida sea como un gemido que invoque la venida del Espíritu Santo sobre toda tu persona en cada uno de tus actos, como una epíclesis permanente que vaya operando tu transformación en Cristo.

Una vez que hayas comenzado con tu oración diaria al Espíritu Santo, sé constante, persevera, no la dejes. Y cuando haya concluido el año, vuelve a empezar, con la seguridad de que el Agua viva que mana de la Fuente es siempre nueva, por más que sea la misma, y lo es también el Río de Vida que te impulsa a la casa del Padre.

Enero

1 DE ENERO — MOLDE

(Solemnidad de Santa María, Madre de Dios)

Espíritu Santo, por la eficacia de tu poder, Jesucristo fue engendrado en el seno de la Virgen María. Ella fue el molde donde se formó Jesús. Concédeme acceder al seno de María para que en Ella trabajes mi vida interior reproduciendo, en el mismo molde, los rasgos de Jesús.

Estoy seguro de que María es tu instrumento privilegiado para modelar en nosotros los discípulos de Jesucristo que hoy necesita tu Iglesia.

2 DE ENERO — OBRAS

(Fiesta de San Basilio)

Espíritu Santo, ¿cuáles son tus operaciones? Por su grandeza, son indecibles, y por su multitud, innumerables... La familiaridad con Dios, la imposibilidad de volverse hacia el mal y la permanencia en la bienaventuranza nos vienen de ti. La venida de Cristo: también tú la precedes. La encarnación es inseparable de ti. Las acciones milagrosas, los carismas de curación: se dan por tu medio. El diablo es rechazado ante tu presencia. La redención de los pecados se da en tu gracia. La resurrección de entre los muertos, se debe a tu acción. ¡Qué grande eres, Espíritu Santo!

¡Qué asombrosa tu eficacia!

¡Te alabo por todas tus obras!

(Oración inspirada en un texto de San Basilio)

3 DE ENERO — HOJA EN BLANCO

Espíritu Santo, me gusta mucho tu creatividad. Así como cada amanecer es único e irrepetible, y como cada nube tiene su novedad, así nos sorprendes al escribir la historia. Sólo necesitas una pluma dócil que se deje llevar y una hoja en blanco cada día. Escribamos juntos, tú pones la historia y el estilo, yo me dejo conducir.

Sé que a veces me he resistido. Perdóname, Señor, no es desconfianza, es solo un cierto temor a lo desconocido. Aquí tienes mi hoja en blanco. Escribe, escribe lo que quieras, eres el autor más inspirado del universo, el que escribe siempre cosas bellas, y que solo sabe escribir de amor y con amor.

4 DE ENERO — TRISTEZA

Espíritu Santo, no permitas que me invada la tristeza del mundo, ni por mis pecados, ni por mis problemas, ni por mi pasado desviado, ni por mi futuro incierto, ni por los desamores, ni por las ofensas. Si en mi vida se hace presente la tristeza, que sepa sufrirla junto a Cristo, que en el huerto se sintió triste hasta la muerte y que sea una tristeza según Dios: que produzca arrepentimiento para mi salvación (cf. 2 Cor 7,10).

5 DE ENERO — NUDOS

Espíritu Santo, estoy liado, mi vida está llena de nudos. Tal vez sea el estrés que me hace ver los problemas más grandes de lo que son. Tal vez mi susceptibilidad, mi pasión o mis estados emocionales. O tal vez la situación efectivamente sea compleja.

Ven, Espíritu Santo, desata tú los nudos. Ayúdame a poner los problemas en su justa perspectiva y a relativizarlos si fuera necesario. Creo que ahora lo mejor que puedo hacer es dejar todo en tus manos. Haré oración, pediré consejo; no quiero precipitarme, vamos poco a poco. Seguramente mañana o en unos cuantos días veré todo con más claridad y tendré tu luz para proceder con la debida prudencia.

6 DE ENERO — EL INTÉRPRETE

(Solemnidad de la Epifanía)

Jesús explicó a los apóstoles: «Mucho me queda por deciros, pero no podéis entenderlo ahora. Cuando venga el Espíritu de la verdad, os iluminará para que podáis entender la verdad completa» (Jn 16, 13). Poco entendieron los apóstoles al Maestro, muchas palabras y acciones de Jesús permanecieron ocultas. Les faltó la fe. A lo largo de la historia Tú, Espíritu Santo, nos has llevado hasta Jesús, como llevaste a los magos hasta Belén, nos has puesto en contacto con el Hijo de Dios hecho hombre, nos has desvelado su misterio, nos has revelado el significado de sus palabras, has tomado lo que es de Cristo y nos lo has interpretado (cf. Jn 16, 14).

Lo has hecho regalándonos el gran don de la fe. Espíritu Santo, aumenta mi fe, quiero conocer a Jesús con un conocimiento de primera mano, entrar en su Corazón, sentir como Él, comprender sus palabras, vivir sus acciones.

7 DE ENERO — ENTENDIMIENTO

Espíritu Santo, dame el don de entendimiento. Sabes que me adhiero a ti en el claroscuro del misterio, pero déjame seguir buscando, quiero conocer más y mejor la verdad revelada. Tú que escrutas las profundidades de Dios (cf. 1 Cor 2, 10) manda tu luz desde el cielo, dame el don de inteligencia, concédeme leer dentro y comprender a fondo para descubrir y gustar la presencia de Dios donde quiera que se esconda, especialmente en la Eucaristía. Dame una chispa de esa capacidad penetrante que abra mi corazón a la gozosa percepción del designio de Dios.

Que arda mi corazón como el de los discípulos de Emaús mientras leo las Escrituras (cf. Lc 24, 32). Que sea más límpida y penetrante mi mirada sobre las cosas humanas, que sepa leer los signos de Dios inscritos en la creación. Que como María, sepa escrutar el sentido profundo de las cosas y vea más allá de la dimensión terrena de los acontecimientos.

8 DE ENERO — MISIONEROS

Espíritu Santo, hoy quiero pedirte por los misioneros, heraldos de tu mensaje. Por los ancianos que han gastado su vida sirviéndote, por los más jóvenes que están apenas estrenando su misión, por los perseguidos y los calumniados, por los que están cansados y desalentados, por los fuertes y entusiastas, por los que dudan y sufren tentaciones, por los que están solos y enfermos, por todos los misioneros, hombres y mujeres, sacerdotes, religiosos y laicos. Te suplico por ellos.

9 DE ENERO — MI FAMILIA

Espíritu Santo, que mi hogar sea la tienda del encuentro contigo. Desciende sobre cada miembro de mi familia, llénanos a todos de tu amor divino. Que el uno para el otro seamos como un bálsamo, un descanso. Enséñanos a respetarnos y a amarnos sin condiciones. Danos la humildad necesaria para perdonarnos y volver a comenzar cuantas veces sea necesario. Ven a visitarnos y asienta tu morada entre nosotros; si Tú estás en casa, reinará tu paz en nosotros y serás remanso de paz para otros.

10 DE ENERO — GLORIA

Espíritu Santo, a ti todo honor y gloria. Que no me busque a mí, que no ambicione reconocimientos, que todos los reflectores vayan a ti, siempre a ti y solo a ti. Que no haga las cosas para quedar bien, pretendiendo ganar la aprobación de todos, sino que obre siempre y solo para que tú seas conocido y amado. No quiero centrarme en que los demás me valoren y aprecien; quiero estar libre de actitudes soberbias, vanidosas y egoístas. Yo sé que los frutos vienen de ti, que Tú eres la fuente de todo bien, no permitas que me atribuya méritos que son solo tuyos. Y cuando logremos algo juntos, quisiera que solo tú vieras la parte que yo he jugado y que toda la gloria sea para ti. Conviene que tú crezcas y yo pase desapercibido (cf. Jn 3, 30).

11 DE ENERO — PALABRA

Espíritu Santo, hoy quiero tomar la Biblia en mis manos, escuchar la Palabra de Dios y conservarla como

María en mi corazón. Yo sé que allí escondes un mensaje para mí, una inspiración para cada día, una respuesta para cada pregunta, un bálsamo para cada dolor. Que poco a poco tu Palabra me dé forma y me modele conforme a la imagen de Cristo. Ven a mí, Espíritu Santo, sana mi sordera y háblame con voces interiores, irrumpe en los rincones oscuros y que reine tu luz, entra hasta el fondo del alma y despierta mi corazón profundo. Dame el valor de escucharte y luego de obrar según me indicas. Dame la gracia de acogerte y luego de compartir tu vida con mis hermanos.

12 DE ENERO — NUEVO ARDOR

Espíritu Santo, tú diste el nuevo ardor de Dios a los discípulos reunidos en el Cenáculo el día de Pentecostés. Ya lo había dicho Jesús: «He venido a arrojar un fuego sobre la tierra y ¡cuánto desearía que ya estuviera ardiendo» (Lc 12, 49). Con la fuerza del fuego de tu amor abriste por medio de los apóstoles un camino luminoso que llegó hasta mí. Yo también quiero prestarme a ser abrasado para que puedas extender ese fuego capaz de renovar la faz de la tierra. ¡Qué distinto es tu incendio al fuego del mal! El tuyo hace emerger la mejor parte de mí. En cambio, el fuego del demonio es destructivo. ¡Arde, Espíritu Santo! ¡Arde en mí! ¡Arde a fondo! ¡Arde sin apagarte! Que tu fuego consuma las escorias del mal que hay en mí y realice la transformación que me convertirá en apóstol de Cristo.

13 DE ENERO — UNIDAD

(Fiesta de San Hilario)

Qué dulzura, qué delicia cuando los hermanos convivimos unidos. Somos hermanos porque la caridad nos hace concordes en un solo querer. «En el grupo de los creyentes todos pensaban y sentían lo mismo» (Act 4, 32). Tal debe ser el pueblo de Dios: todos hermanos bajo un mismo Padre, todos como uno solo, animados por un solo Espíritu, todos concurriendo unánimes a una misma casa de oración, todos miembros de un mismo cuerpo. Espíritu Santo, consérvanos siempre unidos. Que en nuestra familia de sangre y en nuestra comunidad eclesial seamos humildes para levantar las barreras soberbias y que reine la concordia.

(Oración inspirada en un texto de San Hilario)

14 DE ENERO — HERIDA PROFUNDA

La herida del costado traspasado de Jesús es profunda. Mucho mal entró en el corazón humano para hacer tanto daño al mismísimo Corazón de

Dios. Dios asumió un gran riesgo al darle la libertad al hombre: muchas veces no escucha su voz y cierra los oídos a su Palabra. Te pido, Espíritu Santo Consolador, que me concedas ser un consuelo para el Corazón de Jesús. Tú llévame a Él, enséñame a entrar por la herida de su costado, ir a fondo y permanecer allí. Dime qué le gusta, qué le consuela, cómo necesita ser amado, que yo se lo quiero dar. Quiero que Su Corazón sea mi morada, mi refugio, el lugar donde no solo encuentre mi descanso sino sea yo un descanso para Él.

15 DE ENERO — CIMIENTOS

Espíritu Santo, cuando viva tiempos de sufrimiento y desconcierto, cuando las paredes del hogar se llenen de grietas y la casa amenace con caerse, que yo sepa ir a los cimientos y hacerlos más fuertes. Yo sé que en momentos así tú buscas llevarme a la Eucaristía para enseñarme allí el sentido del sufrimiento, el sentido del pasado, el realismo en el presente y la esperanza ante el futuro. Quiero hacerte caso, quiero dejarme llevar por la corriente del río de la vida que me lleva hasta el Sagrario. Allí encontraré mi fortaleza, edificaré de nuevo si hiciera falta, sobre la roca firme, yo colaboraré con todas mis fuerzas y tú consolidarás en mí una vertebración maciza que aguante los embates de cualquier tormenta.

16 DE ENERO — PECADORES

A Jesús no le importó que lo vieran sentarse a la mesa con pecadores, y no se resistió a elegir a un hombre considerado pecador público para formar parte del grupo de los doce. Y explicó: «No tienen necesidad de médico los sanos sino los enfermos» y «No he venido a llamar a los justos sino a los pecadores» (Lc 5, 31-32). Te suplico, Espíritu de Amor, que me ayudes a tener criterios y actitudes como Jesús, cambia mi corazón duro, de piedra, por un corazón de carne y no permitas que me considere superior a los demás, ni más perfecto que ellos, al grado que no quiera mezclarme con gente que considere impura. Que no olvide que Jesús también se ha sentado en mi mesa de pecador, y nunca adopte actitudes puritanas; que no desprecie a nadie, sino que más bien tenga un corazón humilde y compasivo como Cristo. Que mire y abrace a todos con amor.

17 DE ENERO — PRESENCIA

Espíritu Santo, tu presencia me llena de paz. Quiero sentir tu presencia. Eso me basta: saber que aquí estás. Yo sé que tú me miras, pero no siempre te percibo cercano. Si estás conmigo, desaparecen los miedos, tu presencia me hace fuerte, me da seguridad. Las caídas que he sufrido en la vida y los grandes retos que me esperan, me traen aquí a mendigar tu presencia. Tu presencia me hace sentirme pleno, completamente en paz. Ya sé que no siempre te voy a sentir, por eso te pido fe, dame una fe tan grande que siempre, siempre, perciba tu dulce cercanía.

18 DE ENERO — GRACIAS, PADRE

Gracias, Padre, por el don del Espíritu Santo. Cuando enviaste a tu Verbo, enviaste también su Aliento. Cristo por su encarnación se manifiesta, Imagen visible de Dios invisible, y es el Espíritu Santo quien lo revela. Gracias a Él sé de ti, gracias a Él disfruto del don de tu amor para el mundo, gracias a Él participo en la comunión trinitaria, gracias a Él entro en tu intimidad y permanezco en ella. ¡Gracias, Padre!

19 DE ENERO — PURIFICACIÓN

Cuando el pueblo de Israel olvidó tu Ley y fue infiel a la Alianza, tú sacaste bien del mal: le diste una nueva vida según el Espíritu. La purificación del Exilio fue necesaria, como fue necesaria la Cruz para que tu pueblo alcanzara la libertad. También yo he olvidado tu ley y he sido infiel a tu amor, también yo necesito purificación. Purifícame, Espíritu Santo, purifícame con tu gracia. Por más que yo me aparte de ti, Tú no te apartes jamás de mí.

20 DE ENERO — SIN LÍMITES

Espíritu Santo, enséñame a amar sin límites; sin límites, simplemente sin límites. Que sirva sin medida, que sirva a todos, que sirva en todo, que sirva siempre. Que perdone sin medida, que perdone a todos, que perdone todo, que perdone siempre. Que ame sin medida, que ame a todos, que ame en todo, que ame siempre. Dame corazón para amar sin límites; sin límites, simplemente sin límites. Dame, Señor, un corazón semejante al tuyo.

21 DE ENERO — ADOLESCENTES

(Fiesta de Santa Inés)

Espíritu Santo, que eliges a los débiles para confundir a los fuertes de este mundo, queremos confiarte el cuidado de las adolescentes. A Santa Inés, siendo niña de 12 años, le diste el valor de defender su pureza por amor a Jesús a precio de su propia vida. Murió íntegra, murió mártir. A través de ella nos enseñas a los cristianos de todos los tiempos la fortaleza que infunde la fe. A una edad en que las niñas no pueden soportar la severidad del rostro de sus padres, y les asusta el pinchazo de una aguja, Inés soportó la espada, dando su vida para dar testimonio del triunfo del Señor. Nuestras adolescentes viven hoy en un mundo muy agresivo, protégelas como a Inés, consérvalas como merecen las hijas del Rey.

22 DE ENERO — CENTRO

En medio de tantas cosas en que me ocupo a diario, en un mundo tan disperso y con tanto ruido, ando como en exilio; necesito volver, centrarme. Espíritu Santo, sé que tú vives en el centro de mi alma, eres lo más íntimo y lo más profundo de mí mismo; Tú la fuente fecunda que me da vida, la Divina Unción que se derrama sobre toda mi persona. Tú eres mi centro, unifica mis potencias, da estabilidad a mi existencia.

23 DE ENERO — DEBILIDAD

Espíritu Santo, a veces me siento débil, ven en mi ayuda (cf. Sal 35, 2). Cuando quiero hacer felices a las personas que más quiero, cuando no alcanzo las metas que me propuse, cuando los retos y las dificultades me superan, me siento débil, muy débil. Esta profunda pobreza me hace bien porque me ubica. Mi verdad es que no puedo solo y contigo todo lo puedo. No permitas que me desaliente, que nunca pierda la esperanza, antes bien, que me llene de confianza y optimismo al saber que cuento contigo.

24 DE ENERO — GIRASOL

Espíritu Santo, como el girasol busca el sol desde temprano, lo mira de frente y lo sigue todo el día;

que así yo te busque siempre a ti, que te siga, que te encuentre, te contemple. Que te busque en todo y descubra en todas partes tu presencia que invade el universo entero, y disfrute cada vez más tu compañía. Que viva de cara a ti como persona honesta, que no se avergüenza de la mirada de su padre. Que haga lo que haga, mi vida sea de tu agrado. Que como el girasol se asemeja al sol así yo, a base de seguir tus pasos, me parezca más a Jesucristo.

25 DE ENERO — CALMA

Calma, necesito calma. Me turban demasiadas cosas del pasado, del presente y del futuro. Mi vida es demasiado acelerada. Mi soberbia se rebela. Mis ambiciones no me dejan en paz. Mi imaginación: demasiado alocada. Un problema tras otro, tantas cosas que no controlo… Paz, necesito paz. Ven Espíritu Santo, pacifica mi vida.

26 DE ENERO — PERSEVERANCIA

La semilla necesita buena tierra para germinar, crecer y dar fruto (cf. Mc 4, 1-20). Me parece que no siempre soy buena tierra para que desarrolles la dimensión contemplativa en mí. Como no siempre tengo ganas de rezar, no rezo todo lo que tú quisieras. A veces abandono la oración porque me resulta difícil. También en ocasiones me resisto a dejar mis proyectos para sólo estar contigo, siento que me jalan quehaceres más interesantes. Cuando me haces ver que debo cambiar, tomo resoluciones y comienzo a poner de nuevo lo mejor de mi parte, pero al poco tiempo pierdo la motivación y vuelvo a ser mediocre. A través del ejemplo de los santos me enseñas que lo más importante por parte mía en la vida de oración es perseverar en ella. Espíritu Santo: ayúdame a ser constante, a perseverar en la oración por encima de cualquier excusa o sentimiento adverso. Hoy no te pido que mi oración sea agradable y bella, sino que me mantengas al pie de la cruz, con la mirada fija en los ojos de Jesús, porque no quiero dejar solo a mi Señor.

27 DE ENERO — SUAVIDAD

(Fiesta de Ángela de Merici)

Espíritu Santo, este día quiero pedirte ayuda para vivir conforme al consejo de Santa Ángela de Merici: «Compórtate cada día como desearías haberte comportado cuando llegue la hora de tu muerte y de darle cuenta a Dios». Y que en el trato con las personas que dependen de mí, sepa tratarlas como ella recomienda: siempre con suavidad, evitando imponer con violencia mi autoridad, que como tú me limite a señalar, llamar, persuadir.

Cuando sea necesario actuar con autoridad y severidad, que solo me mueva la caridad, el amor a Dios y a las almas.

28 DE ENERO — PAN DE LOS ÁNGELES
(Fiesta de Sto. Tomás de Aquino)

Espíritu Santo, hoy quisiera agradecerte por haber inspirado esta oración a Santo Tomás de Aquino y quiero hacerla mía antes de ir a comulgar: «Todopoderoso y eterno Dios, me acerco al sacramento de tu Unigénito Hijo, mi Señor Jesucristo, como enfermo al médico de la vida, como manchado a la fuente de la misericordia, como ciego a la luz de la eterna claridad, como pobre y mendigo al Señor del cielo y de la tierra. Ruego, pues, Señor, a tu infinita generosidad que te dignes curar mi enfermedad, lavar mis manchas, alumbrar mi ceguera, enriquecer mi pobreza, vestir mi desnudez, para que me acerque a recibir el pan de los ángeles, al Rey de los reyes y Señor de los que dominan, con tanta reverencia y humildad, con tanta contrición y devoción, con tanta pureza y fe, con tal propósito e intención como conviene a la salud de mi alma. Concédeme, te ruego, recibir no solo el sacramento del cuerpo y sangre del Señor sino también la gracia y virtud del sacramento. Dios mío, concédeme recibir el cuerpo de tu Hijo Unigénito, nuestro Señor».

29 DE ENERO — SORPRESAS

Espíritu Santo, desde las primeras comunidades del cristianismo los discípulos de Jesús tuvieron dificultades para entender tus caminos y hubo resistencias a tu acción. Ante situaciones y preguntas nuevas tú ofrecías respuestas y caminos nuevos. Lo haces también hoy, tantas veces nos sorprendes. Tú sabes que casi siempre, cuando hay resistencias al cambio, es por temor a equivocarnos, no queremos traicionar a tu Iglesia, antes bien, queremos serte fieles. Enséñanos a escuchar con apertura y humildad, que aprendamos a reconocer tu voz y a discernir en oración, para que no pongamos resistencia cuando estés tú detrás del cambio, y seas tú quien quiere cosas nuevas. Confiamos en ti; llévanos por donde quieras, Tú eres el Dueño de la viña, tú el Artífice de la Iglesia.

30 DE ENERO — VIENTO IMPETUOSO

«De pronto, vino del cielo un ruido, como si fuera una fuerte ráfaga de viento, que resonó en toda la casa donde se encontraban» (Act 2, 2). Creo que yo también necesito una buena sacudida y he venido a pedírtela. Despiértame de mi letargo, sacude toda sombra de mediocridad en mi vida, resuena fuerte en mi conciencia, grita a mis oídos interiores. No permitas que me acomode en la tibieza. Quiero ser un cristiano lleno de vitalidad, de entusiasmo y celo por la salvación de las almas y la extensión del Reino de Cristo.

31 DE ENERO — CRIATURA NUEVA

Espíritu Santo, quiero ser una «criatura nueva» (1 Cor 5,17) revísteme del «hombre nuevo» (Ef 4, 24) a imagen de Cristo, ayúdame a cambiar mis actitudes, a ser una persona abierta, generosa, alegre, humilde, paciente, mansa. Purifícame de mis vicios y malas inclinaciones. Renuévame, tú que transformas y llenas de vida todo lo que tocas. Concédeme tus siete dones: sabiduría, inteligencia, consejo, fortaleza, ciencia, piedad y temor de Dios.

FEBRERO

1 DE FEBRERO — ROCÍO

Asómate a la ventana, mira el rocío de la mañana. Comienza este día pidiendo al Espíritu Santo que, como el rocío que todo lo refresca, así derrame su presencia sobre toda tu existencia. Que bendiga con su santa unción todo lo que vas a tocar hoy, los lugares por donde pases, las personas que encuentres, los pensamientos que tengas.

«¡Oh cielos, derramad vuestro rocío, lluevan las nubes al Justo y que de la tierra brote el Salvador» (Is 45, 8).

2 DE FEBRERO — SIMEÓN

(Fiesta de la Presentación del Señor)

Espíritu Santo, hay personas a quienes Tú eliges para una misión especial, como el anciano Simeón, hombre piadoso y justo en quien tú habías puesto tu morada, le revelaste que no vería la muerte antes de haber visto al Cristo del Señor y movido por ti fue al Templo cuando José y María introdujeron al niño Jesús para presentarle al Señor (cf. Lc 2, 22-38). En la fiesta de la presentación del Señor, quiero pedirte por las vocaciones a la vida consagrada, por todos aquellos jóvenes y chicas que tú escoges para dedicarse exclusivamente a las cosas de Dios. Ayúdales a vivir siempre en gracia, son de tu propiedad, dales un oído atento para escuchar tu llamado, que no se resistan, que se dejen mover por ti, y tengan la generosidad de entregar su vida entera al servicio de la Iglesia. Danos vocaciones, danos muchas vocaciones, danos muchas y santas vocaciones.

3 DE FEBRERO — INJERTO

Espíritu Santo, soy un injerto del mejor tronco, del mismo Árbol de la Vida. Gracias a tu savia que corre por mis venas, puedo dar fruto. Tus frutos: caridad, alegría, paz, paciencia, afabilidad, bondad, fidelidad, mansedumbre, templanza (cf. Ga 5, 22-23). Tú, Espíritu Santo, eres mi Vida, que sea dócil y humilde para dejarte vivir en mí y así obrar siempre «según el Espíritu» (Ga 5, 25). Que no me desgaje jamás de ti, no solo quedaría estéril, moriría.

4 DE FEBRERO — BUEN SAMARITANO

Espíritu Santo, ábreme los ojos, afina mi oído, despierta mi corazón, para darme cuenta cuando sufren los hombres y sea para ellos mano que les levanta, unción que alivie su dolor, brazo que los sostiene, un Buen Samaritano que se ocupa de ellos sin poner condiciones. No permitas que mi corazón se haga de piedra, antes bien, ablándalo cada vez más, que mi corazón sea grande, abierto y generoso como el de Jesús.

5 DE FEBRERO — VIDA ORDINARIA

Espíritu Santo, ayúdame a comprender que no necesito recurrir a cosas especiales y extraordinarias para alabar a Dios. Yo mismo, con mi vida santa, en lo ordinario de todos los días, puedo ser alabanza de la gloria del Padre. Quiero ser como María, una persona sencilla que sabe vivir lo ordinario con una actitud extraordinaria.

6 DE FEBRERO — APERTURA

Espíritu Santo, eres tú quien haces de mí una apertura al Amor, apertura ancha, profunda, sin límites; la creas, la colmas y la desbordas. Con infinita misericordia y sin mérito alguno, enraízas en mí un misterio de vida interior. Me haces capacidad de acogida y esperas que sea como la tierra en relación a la semilla: receptividad activa. Tú y yo, energías desproporcionadas y fecundas.

7 DE FEBRERO — TIMONEL

Espíritu Santo, cuando te entrego el timón de mi vida, tomas mis manos y me haces agarrarlo con mayor firmeza. Quieres que sea yo el timonel. Tú marcas la ruta, me infundes tus dones y yo conduzco el barco mar adentro con libertad. No me dejas solo, siempre estás conmigo, dentro de mí, y desde allí trabajamos juntos. Nunca permitas que me comporte con autosuficiencia, tampoco que me inhiba. Espíritu Santo: que sea un timonel humilde y responsable y asegúrame que llegaré a los brazos del Padre que me espera con tanto amor en el horizonte.

8 DE FEBRERO — ENCUENTRO

El cristianismo es encuentro personal con Cristo, no un sistema abstracto de verdades y valores. Si me dejo conducir por ti, Espíritu Santo, el cristianismo será para mí el encuentro con el Amor Encarnado, y por tanto, el acontecimiento fundamental de la experiencia humana desde el cual miro la realidad y vivo la vida (*Orationis Formas*, Int). Permíteme vivir siempre el acontecimiento de Cristo, que pueda participar en la verdad y la vida que hay en Él, que mi vida de oración esté siempre centrada en Jesucristo. Que por mi participación en la Eucaristía y mi disponibilidad a conservar y cultivar la gracia recibida, viva Cristo en mí y haga de modo permanente la experiencia de su amor.

9 DE FEBRERO — CLARIDAD

Espíritu Santo, me suceden cosas que no logro asimilar, experiencias imposibles de entender y esto duele, duele mucho. Cuando mi camino se hace oscuridad, no pretendo controlarlo todo, ni comprenderlo todo, solo pido claridad. La claridad de la fe, el resplandor de la confianza, el fuego del amor. Fe, esperanza y caridad para llenar de sentido todo aquello que parece sin sentido y que en vez de hundirme me haga subir más alto aunque humanamente no pueda ver con claridad.

10 DE FEBRERO – CICATRICES

Mi corazón tiene cicatrices. No todas han sanado. Algunas de ellas aún duelen. No quiero rascar la herida, pero a veces afloran a la memoria. No siempre tengo control de mis recuerdos. Espíritu Santo, derrama el bálsamo de tu amor sobre mi memoria herida. Sáname, Señor. No pretendo olvidar los golpes de la vida, lo que quiero es tener buenos sentimientos, que al recordar cosas dolorosas, sepa ser agradecido, compasivo, manso y humilde de corazón. Ven Espíritu Santo, sana mi memoria herida.

11 DE FEBRERO – CONSAGRACIÓN MARIANA

(Fiesta de Nuestra Señora de Lourdes)

Uno de los lugares donde más puedo palpar la acción del Espíritu Santo es en las personas que tengo la gracia de acompañar en su vida espiritual. Una de ellas me compartió esta consagración mariana que todos nos podemos apropiar:

María, en este día quiero estar junto a ti al pie de la cruz. Quiero escuchar contigo las palabras de tu Hijo: «Mujer, he aquí a tu hijo»; «Hijo, he aquí a tu Madre» (Jn 19, 26-27). Quiero que se verifiquen en mí los designios de tu Hijo y acogerte en mi casa, en mi alma. Eres mi Madre.

Padre, Tú bien sabes la gran necesidad que tengo de María. Tú no privaste a tu Hijo de una Madre, de su cariño, de su ternura, de su guía y consuelo. Enséñame a acudir siempre a Ella, a creer en su presencia, en su cariño, en su cuidado. ¡Que yo nunca me aleje! ¡Que viva siempre bajo su manto!

Espíritu Santo: Tú cubriste a María con tu sombra y concibió a Jesús. Que ella, bajo tu guía, también vaya configurándome a mí como a otro Cristo. Me someto totalmente a su acción en mi alma para que Ella vaya haciendo todo según tus designios en mí.

Madre, yo me entrego a Ti, te cedo todos los derechos sobre mí, sobre mi presente, mi pasado y mi futuro; sobre todas mis acciones, mis pensamientos, mis oraciones y méritos. Qué paz y alegría me da el que estén en Ti. También todos mis seres queridos, a los que tanto quiero y a todos mis hijos: las almas que tu Hijo ha querido encomendarme.

Jesucristo, a ti te pido la gracia de que me asemeje lo más posible a María. Que cuando ame, cuando acompañe, cuando escuche, cuando mire, cuando hable, las personas sientan la presencia cercana de María. Que sus manos maternales abracen, sanen, consuelen a través de las mías. Que sea sus gestos, sus palabras, su bondad y ternura para todo aquél que necesite su amor maternal. Todo para tu mayor Gloria, para contigo llevar a los hombres a la Casa del Padre.

Madre, sabes que lo que más deseo es tu intimidad, vivir contigo, llegar un día a ti y poder ocultarme en tu regazo. En este día en que me consagro nuevamente a ti, te suplico que me lleves a ser misericordioso como el Padre, desde el Corazón del Hijo y bajo la guía del Espíritu Santo.

12 DE FEBRERO — TU TIENDA

Espíritu Santo, Dios mío, tú eres el Inmenso, el Todopoderoso, el Rey del universo y has puesto tu tienda en mí. Percibo tu presencia, la siento muy profunda, muy mía. No tengo que ir a lugares lejanos a buscarte: aquí estás, en mi corazón y en la Eucaristía. Así te necesito, Señor: cercano, amable, fraterno. Al principio, en la brisa de la tarde, paseabas con Adán por el jardín del Edén. Hoy mi corazón es tu jardín. «¡Entre mi amado en su huerto y coma sus frutos exquisitos!» (Cant 4, 16). Y contigo dentro, quiero hacer silencio, ir a tu encuentro y pasear contigo.

13 DE FEBRERO — DERROTADO

A veces estoy contento, a veces triste. A veces seguro, a veces con tantas dudas y temores. A veces he triunfado y a veces me han derrotado. A veces me han salido bien las cosas, a veces mal. A veces he llegado a la cumbre, a veces me he arrastrado por los suelos, cayendo bajo, muy bajo. He aprendido que cuando la paso mal me ofreces una estupenda oportunidad para crecer. Los malos momentos son un maravilloso desafío, un reto para sacar fuerzas de donde no las hay, levantarme y salir de la prueba mejor que antes. No es nada fácil, duele, duele mucho, pero en esas circunstancias siempre has estado conmigo y tu sola presencia me llena de ánimo y fortaleza. Espíritu Santo, con tu gracia siempre puedo levantarme, volver a empezar con humildad y luchar una mejor batalla, con la fuerza invencible del amor.

14 DE FEBRERO — COMUNIÓN

Espíritu Santo, cada vez que recibo la comunión experimento el amor de Dios de una forma nueva, original e irrepetible. Son nuevas mis circunstancias humanas y espirituales y son nuevas también las mociones de la gracia. Cada comunión es un encuentro nuevo pero depende de mí hacerlo encuentro. Hoy quiero pedirte que me enseñes a recibir a Jesús Eucaristía, dime qué disposiciones interiores necesito para recibirlo, cómo escuchar sus palabras, cómo gustar su presencia, cómo dejarme santificar y transformar por Él. Te suplico que a base de recibir a Cristo Eucaristía me concedas la gracia de aprender a tratar a Jesús, a dialogar con Él como el Amigo más cercano y a quedarme adorándolo en mi corazón hasta la siguiente comunión.

15 DE FEBRERO — ESPÍRITU CREADOR

Ven, Espíritu Creador, visita las almas de tus fieles y llena de la divina gracia los corazones que Tú mismo creaste.

Tú eres nuestro Consolador, don de Dios Altísimo, fuente viva, fuego, caridad y espiritual unción. Tú derramas sobre nosotros los siete dones; Tú, el dedo de la mano de Dios; Tú, el prometido del Padre; Tú, que pones en nuestros labios los tesoros de tu palabra.

Enciende con tu luz nuestros sentidos; infunde tu amor en nuestros corazones; y, con tu perpetuo auxilio, fortalece nuestra débil carne.

Aleja de nosotros al enemigo, danos pronto la paz, sé Tú mismo nuestro guía, y puestos bajo tu dirección, evitaremos todo lo nocivo.

Por Ti conozcamos al Padre, y también al Hijo; y que en Ti, Espíritu de entrambos, creamos en todo tiempo.

Gloria a Dios Padre, y al Hijo que resucitó, y al Espíritu Consolador, por los siglos infinitos. Amén.

Envía tu Espíritu Creador.

Y renovarás la faz de la tierra.

Oh Dios, que has iluminado los corazones de tus hijos con la luz del Espíritu Santo, haznos dóciles a sus inspiraciones para gustar siempre el bien y gozar de su consuelo. Por Jesucristo Nuestro Señor. Amén.

16 DE FEBRERO — CRUCIFIJO

Espíritu Santo, si Santo Tomás de Aquino aprendió en el crucifijo todo lo que escribió en la Suma Teológica, que también yo me inflame del fuego de tu amor a base de contemplar a Cristo crucificado. Concédeme penetrar su costado traspasado, entrar a su Sagrado Corazón y experimentar con la mayor hondura posible los frutos de la redención.

17 DE FEBRERO — FUTURO

Espíritu Santo, vengo a confiarte mi futuro. Mis planes: los tuyos. Ayúdame a superar el miedo y también el egoísmo. Quiero hacer lo que tú quieras, solo aquello que te agrade. Ilumina mi mente para conocer tu proyecto sobre mí, tomar las decisiones acertadas, para hacer siempre tu divina voluntad. Dame prudencia para elegir el camino correcto, humildad para corregir la ruta cuantas veces haga falta, constancia para mantenerme en la dirección que me lleve a ti. Más aún, mejor vente Tú conmigo y no te me apartes jamás. En el horizonte contemplo los brazos del Padre, yo quiero estar allí y permanecer en su amor para siempre.

18 DE FEBRERO — PACIENCIA

Espíritu Santo, cuánta paciencia me falta. Paciencia conmigo mismo y con mis seres queridos. Me impaciento porque no van a mi ritmo, porque no son como yo quisiera, porque dicen y hacen cosas que me desesperan. ¿Paciencia? La que tienes tú conmigo. Que aprenda a ser manso y humilde de corazón. Dame paciencia, Señor, enséñame a esperar, a tolerar, a callar y a ser flexible.

Ven, Espíritu Santo, hazme un instrumento de tu amor.

19 DE FEBRERO — CREO

Espíritu Santo, sin ti no puedo creer en Cristo. Cristo no sería más que un hombre admirable si tú no me dieras el don de la fe y me permitieras creer en su persona y su obra redentora. Gracias a ti puedo ponerme delante de Cristo y decirle: Tú eres el Hijo de Dios vivo. Gracias a ti puedo responder al amor de Cristo con amor. Gracias a ti puedo confiar que Cristo me ha salvado. Tú has infundido en mí una nueva vida y la prueba de que yo tengo esa vida es que creo en Cristo. Yo creo en Cristo, abrazo toda su persona y su misterio sin condiciones. Te bendigo por haberme concedido nacer de nuevo. Mi nueva vida en el Espíritu es el tesoro más grande que poseo.

«El que no nazca del agua y del Espíritu, no podrá entrar en el Reino de Dios» (Jn 3, 5). Hoy quiero celebrar que ya he entrado al Reino de Dios.

20 DE FEBRERO — ¿QUIÉN LE DIO FORTALEZA?

Espíritu Santo, contemplo a María mientras flagelan a Jesús. Escucho los azotes sobre su espalda destrozada. Veo los salivazos que escurren por su rostro ensangrentado. Miro cómo le tiemblan las manos, se le vencen las rodillas. Despreciable y desecho por los hombres, varón de dolores, como uno ante el cual se oculta el rostro. Humillado, todos se burlan de Él; no abre la boca. Molido por nuestras culpas, soporta el castigo que nos trae la paz (cf. Is 53, 5).

¿Cómo pudo soportarlo María? ¿Quién le dio fortaleza? Fuiste tú, Espíritu Santo, fuiste tú.

21 DE FEBRERO — FUEGO DENTRO

Espíritu Santo, cuando se posaron aquellas lenguas de fuego sobre los discípulos el día de Pentecostés, «todos quedaron llenos del Espíritu Santo» (Act 2, 3-4). Lléname también a mí, lléname con el fuego de tu amor. No quiero más frialdad en mi vida espiritual, ni más indiferencia ante tantas necesidades de la Iglesia. Quiero llenarme de tu luz para irradiar luz, quiero tu calor, tu vida, tu bondad, tu fortaleza. Te quiero dentro de mí, ser una persona con fuego adentro.

22 DE FEBRERO — PAPA

(Fiesta de la Cátedra de San Pedro)

Espíritu Santo, gracias por dar a tu Iglesia un pastor que nos guía. Las responsabilidades del Papa son muchas y muy graves. El peso que carga sobre sus hombros es superior a la capacidad humana. La soledad que debe experimentar ante los problemas más graves debe ser tremenda. Qué difícil saber que has sido depositario de tanta confianza y a la vez conocer con claridad tus propios límites. Te lo suplico: dale luz, prudencia y fortaleza. Que nos lleve siempre por el camino del Evangelio, que sepa reconocer tu voz, escucharte y obedecerte, que sea humilde y de mucha vida eucarística, testimonio de santidad y fidelidad a la Verdad. Que cuente siempre con la guía firme y maternal de María y que sea un buen pastor para todos.

23 DE FEBRERO — TOTALMENTE

Espíritu Santo, soy hijo de Dios y de la Iglesia por el bautismo; me declaro cristiano. Pero no puedo decir que soy totalmente cristiano, porque aún no soy totalmente de Cristo ni mis obras están todavía totalmente revestidas de Cristo. Te suplico que hoy y todos los días de mi vida, realices la obra maestra de mi transformación en Jesús. No busco la perfección en sentido vanidoso, conozco muy bien mi condición de pecador, mi pequeñez y mis limitaciones. Lo que busco es que Cristo viva en mí, y se manifieste siempre en mí. Quiero ser totalmente discípulo de Cristo.

24 DE FEBRERO — ALAS

Espíritu Santo, como el niño en el vientre de su madre, así yo en ti. En ti me siento seguro, bajo tus alas hallo refugio (cf Sal 91,4) ¡Escóndeme a la sombra de tus alas! (Sal 17,8); que more yo en tu tienda para siempre (Sal 61,4), porque tú has sido mi socorro y a la sombra de tus alas canto gozoso (Sal 63,7). Tú eres el Paráclito, al que yo invoco para que esté conmigo, mi abogado y defensor. Esta verdad me llena de confianza: saber que cuento siempre, siempre, siempre, contigo. Con una madre así, no tengo miedo de nada ni de nadie.

25 DE FEBRERO — DISFRUTAR

Espíritu Santo, uno de los frutos de tu presencia en el alma es la alegría y una persona alegre lo disfruta todo. No es lo mismo caminar de prisa pensando solo en el destino que avanzar disfrutando el camino. Cuando te tengo conmigo valoro más todo lo que percibo con los sentidos: aromas y sabores, luces y sombras, colores y caricias, armonías y silencios, lágrimas y sonrisas. Qué gran regalo el poder tomar conciencia de cada sensación y disfrutarla como un don venido de tus manos. Tú nos das la sensibilidad humana y espiritual para hacer de las cosas más sencillas un verdadero banquete de gracias. Hoy me propongo vivir con un poco más de calma tomando conciencia del momento presente y disfrutando de todo lo que percibo en mi camino.

26 DE FEBRERO — ¿QUÉ ES EL HOMBRE?

Espíritu Santo, hoy quiero pedirte que te apropies de mi lengua y de mi corazón y que juntos oremos al Padre con esta oración que inspiraste al salmista: «Señor, dueño nuestro, ¡qué admirable es tu nombre en toda la tierra! Ensalzaste tu majestad sobre los cielos. De la boca de los niños de pecho has sacado una alabanza contra tus enemigos, para reprimir al adversario y al rebelde. Cuando contemplo el cielo, obra de tus dedos, la luna y las estrellas que has creado, ¿qué es el hombre, para que te acuerdes de él, el ser humano, para darle poder? Lo hiciste poco inferior a los ángeles, lo coronaste de gloria y dignidad, le diste el mando sobre las obras de tus manos, todo lo sometiste bajo sus pies: rebaños de ovejas y toros, y hasta las bestias del campo, las aves del cielo, los peces del mar, que trazan sendas por el mar. Señor, dueño nuestro, ¡qué admirable es tu nombre en toda la tierra!» (Salmo 8).

27 DE FEBRERO — A FONDO

Espíritu Santo, soy activo, en ocasiones demasiado activo. Sé que puedo ser activo y profundo a la vez, pero con frecuencia me siento en la epidermis, girando como loco en superficie. Siento necesidad de regresar al corazón profundo, tener una vida más humana, más espiritual, una vida de intimidad con Dios. No hablo de aislamiento, sí de soledad contigo. No de pasividad, sí de abrir nuevos caminos al fondo del alma. No de fuga o evasión, sí de encuentro con la Verdad. No de temor al mundo, sí de echar raíces. No de vacío, sí de plenitud en el Amor. Dios mío, concédeme la vida en el Espíritu.

28 DE FEBRERO — A LA HORA DE MI MUERTE

Espíritu Santo, hoy quiero pedirte algo sencillo pero muy importante para mí: a la hora de mi muerte, acércate a mi oído y háblame de la misericordia del Padre. Me va a hacer mucha falta, será mi único consuelo, mi única esperanza.

29 DE FEBRERO — OJOS PROFUNDOS

Espíritu Santo, dame ojos profundos para verte en el fondo de mi alma. Deseo con todas mis fuerzas buscarte, encontrarte y gozar tu intimidad divina. Yo sé que tú también la quieres para mí. Por ello me diste las virtudes teologales: fe, esperanza y caridad, para que ejercitándome en ellas alcance lo que tanto deseo. «El fondo de la oración, la base del recogimiento, la médula de la vida interior es el ejercicio de las virtudes teologales» (Mons. Luis M. Martínez, *El Espíritu Santo*). Te lo suplico: aumenta mi fe, aviva mi esperanza, inflama mi caridad.

Marzo

1 DE MARZO — INSPIRACIÓN

Trae a la memoria impulsos nobles, más o menos relevantes, que hayas experimentado en tu interior: buenos deseos, sentimientos puros, decisiones honestas, arrepentimientos humildes, testimonios valientes, actos generosos… Ahora dale las gracias al Espíritu Santo, porque ha sido Él quien te los ha inspirado, Él es el origen de ese soplo poderoso y suave a la vez, que a su manera te ha movido desde dentro. Y a base de repetir esta práctica cada vez que algo así te suceda, forma el hábito de agradecer al Espíritu Santo todas las inspiraciones que te ofrezca.

2 DE MARZO — CASCADA

Espíritu Santo, el amor de Dios es como una cascada: continua, generosa, siempre nueva... Así has sido desde que aleteabas por encima de las aguas en la creación del mundo (Gen 1, 2). Continua: Desde el principio has dado vida al cosmos y a cada uno de los seres, y aquí estarás hasta final de los tiempos. Generosa: El amor de Dios se desbordó primero en la creación, luego en el hombre hecho a imagen de Dios, en la Encarnación del Verbo, en la Eucaristía, en Pentecostés, en cada persona que nace, en cada inspiración, en todo lo que es bueno y bello. Siempre nueva: Qué creatividad la tuya, cada ángel es diferente, cada persona, cada estrella, cada planta, cada pueblo, cada idea, cada sentimiento... El amor de Dios se desbordó y llega hasta nosotros como una cascada, continua, generosa, siempre nueva.

3 DE MARZO — DIVISIONES

Me duelen mucho las divisiones familiares, sé que no te agradan y que van contra la caridad cristiana. A todos nos roban la paz. ¡Cuántas energías gastadas en conflictos que no llevan a nada bueno! Espíritu Santo, danos humildad a todos, destierra las actitudes soberbias y enséñanos a perdonar y servir con corazón magnánimo. Te lo suplico, Espíritu Santo, queremos la unidad familiar, que nuestra familia sea reflejo de la comunión trinitaria, que nos amemos todos, que nos respetemos, que recuperemos la confianza entre nosotros. Que en nuestra familia reine el amor y la paz, que seamos uno, como tú y el Padre son uno (cf. Jn 17, 21).

4 DE MARZO – MIENTRAS CAMINAS

Cuando camines hoy, camina acompañado. Normalmente cuando vamos de un lugar a otro, dentro de casa, por la calle, en el trabajo… vamos pensando en lo que acabamos de hacer o en lo que vamos a hacer, o en los pendientes del día, o llevamos la mente en blanco…. Hoy haz algo diferente mientras caminas: Imagina al Espíritu Santo dentro de ti acompañándote. Puedes simplemente hacer un acto de fe en su presencia, agradecer su cercanía, disfrutar con Él la brisa que sientes en el rostro, el aire que respiras, los aromas, los colores, todo lo que veas… Lo más importante es llevarlo contigo, tomar conciencia de su presencia y gozar su compañía. Trata de repetirlo mañana y siempre que camines. Tus días se llenarán de amor y de sentido.

5 DE MARZO — SABIDURÍA

Espíritu Santo, dame el don de sabiduría, ese conocimiento impregnado por el amor, esa luz que viene de lo alto. La prefiero a cualquier riqueza (cf. Sb 7, 7-8). Concédeme familiaridad con las cosas divinas y que pruebe gusto en ellas. Que no solo sepa las cosas, sino que las experimente y las viva con un cierto sabor de Dios. Dame la capacidad de ver interiormente las realidades del mundo y juzgar las cosas humanas a la luz de Dios. Que tu Divino soplo alcance toda mi existencia, que te perciba en todos los acontecimientos del pasado, del presente y del futuro. Y que María, Sede de la Sabiduría, me enseñe a verte y disfrutarte en todas las cosas.

6 DE MARZO — USADO

Espíritu Santo, hoy quiero darte las gracias por tener la confianza de usarme. Con frecuencia descubro que haces cosas buenas a través de mí: personas que se sienten motivadas al verme luchar, otros que se sienten amados por ti a través de mis palabras, unas más que se levantan porque les tiendo una mano amiga, muchas que llegan a conocerte porque les hablo de ti... En fin, actos o actitudes tan sencillos de mi parte que son cauce de tu fecunda presencia. No me utilizas, no eres un aprovechado, más bien tienes la humildad de amar y servir por mi conducto. Hoy quiero reconocer todas esas cosas buenas que han salido de mí, y reconocerte a ti como la fuente y el motor de todas ellas.

7 DE MARZO — FRACASO

Ven, Espíritu Santo, ayúdame a superar el miedo al fracaso. Cuando pienso demasiado en mí me paralizo, las decisiones se complican, pierdo libertad. Derrama tu santa unción sobre todas mis obras, bendíceme y andaré libre por la vida, con la certeza de que tú haces fecundo el desierto, sacas agua de las piedras y enderezas el camino torcido. Espíritu Santo, confío en ti. Espíritu Santo, confío en ti. Espíritu Santo, confío en ti.

8 DE MARZO — CINCEL

Espíritu Santo, soy una pieza de mármol a tu entera disposición y tú el gran escultor de mi existencia. Tú sabes lo que quieres sacar de mí; con martillo y cincel en mano, visualizas perfectamente el proyecto de mi vida. Si quieres cincelar con tu mano maestra para esculpir la talla que el Padre proyectó al crearme, aquí me tienes. Rompe pedazos grandes aunque duela, detente en pulir detalles aunque me tiente la impaciencia, confío absolutamente en tu destreza. Solo quieres cosas buenas para mí y todo lo que haces, lo haces perfecto. Espíritu Santo, en ti confío. Ven, acércate a mi vida con absoluta libertad, realiza tu obra mí.

9 DE MARZO – ENFERMO

Me duele tanto ver a (*nombre de la persona*) enfermo. Espíritu Santo, quiero pedirte que vengas sobre él con tu santa unción y lo sanes, como Jesús al paralítico, al ciego y al leproso. Dale a él la fe de la hemorroísa para arrancarte el milagro. Si tu Providencia dispone otra cosa, concédele fortaleza y paciencia para sobrellevar el dolor con sentido cristiano. Tú sabes por qué permites tanto sufrimiento, nosotros no llegamos a entenderlo, pero confiamos en que tendrás compasión de tu hijo. A mí, dame la humanidad para acompañarle, la generosidad para cuidarle y la delicadeza para hacerlo con cariño.

10 DE MARZO – UNCIÓN

Espíritu Santo, Cristo significa «Ungido» del Espíritu de Dios. Su humanidad está totalmente ungida por ti (cf. Lc 4, 18-19). También yo fui ungido el día de mi confirmación. Por eso quiero pedirte que me ayudes a vivir realmente como alguien que ha sido ungido, que todos mis sentimientos, mis pensamientos, mis comportamientos estén impregnados con el óleo de tu unción, que se note que soy cristiano. Que mi mirada, mi sonrisa, mis gestos, mis palabras sean expresión de tu presencia, como abrir un frasco de óleo perfumado donde todos perciban el buen olor de Cristo (cf. 2 Cor 2, 15).

11 DE MARZO — AMOR

Espíritu Santo, Tú eres el Amor en persona, el amor del Padre y del Hijo. Al entrar a mi alma, infundes en mi corazón un amor al Padre semejante al que el Hijo le tiene y un amor a Cristo semejante al del Padre. Yo puedo amar a Dios Padre con el Amor de Jesucristo y puedo amar a Cristo con el Amor con que el Padre lo ama. Ahora entiendo por qué a veces siento tanta ternura con Dios Padre y por qué amo tanto, tanto a Jesús. Por eso Tú eres el mayor de los dones. ¿Qué más puedo desear? ¿Qué capacidad mayor que esta? ¿Qué experiencia le supera? Muchas veces te he dado las gracias, pero esta vez te las quiero dar con especial fuerza: ¡Gracias! ¡Gracias! ¡Gracias! Mil veces, ¡gracias!

12 DE MARZO — TURBACIÓN

Necesito tomar decisiones que no son nada fáciles de tomar. Hay mucho en juego, no quiero equivocarme. Tampoco puedo inhibirme, debo asumir mi responsabilidad. Ilumíname, Espíritu Santo, quiero hacer lo correcto, lo que sea la Voluntad del Padre. Me queda claro que en tiempo de turbación no debo tomar decisiones precipitadas. Debo esperar a que pase la pasión, que regrese la calma. Por eso estoy aquí contigo, en busca de paz y de luz.

13 DE MARZO — LÁMPARA ENCENDIDA

El día de mi bautismo encendiste una llama en mí: la llamamos gracia santificante. Es mi gran tesoro. Por distracción, superficialidad, mediocridad o pecado, mi lámpara reduce su fuerza o incluso llega a apagarse. Ven Espíritu Santo, enciéndeme de nuevo con el fuego de tu gracia, aviva la llama, que arda siempre con fuerza, quiero que todos los días Jesús me encuentre vigilante, con la lámpara encendida (cf. Lc 12, 35).

14 DE MARZO — LIBERACIÓN DE ATADURAS

Espíritu Santo, libérame de toda atadura, te suplico que me concedas la libertad de los hijos de Dios (cf. Rm 8, 21). Libérame de ataduras malignas que cualquier persona o circunstancia me hayan impuesto. Libérame de vínculos y compromisos que no vienen de ti ni me llevan a ti. Libérame del control y dominio que otros quieran imponer sobre mí. Libérame de estilos de vida, ideas, recuerdos o estructuras oscuras y opresivas. Libérame de los errores y engaños en que haya caído a lo largo de mi vida. Libérame del sentimiento de culpa que me oprime. Libérame de toda presencia o acción maligna. Libérame del engaño de creerme inmune a las asechanzas del demonio. Quiero vivir en el reino de la verdad, de la luz y del amor.

15 DE MARZO — SE SECAN

Espíritu Santo, vengo a interceder por los sacerdotes y las almas consagradas. Conozco algunos que son tan activos que han dejado su oración, y si no la han dejado del todo, es evidente que oran poco, se nota de inmediato. Cuando pasan largos ratos con Cristo Eucaristía se nota en su mirada y cuando no, también se nota: «El que mira hacia Él, resplandecerá» (Sal 34, 6). Cuando han orado lo que predican, se nota en sus palabras y cuando no, también se nota. Cuando han sido depositarios de tu misericordia, se nota en sus actitudes y cuando no, también se nota. Espíritu Santificador, danos sacerdotes y almas consagradas santos; fueron hechos para ti, que permanezcan unidos a ti, si no, se secan.

16 DE MARZO — RENOVACIÓN MATRIMONIAL

(Oración de los esposos)

Cuando nos casamos prometimos amarnos sin límites ni condiciones hasta el final de la vida. Lo hicimos entre tres, no solo dos: Tú, Espíritu Santo, fuiste parte de esa sagrada alianza. Hoy queremos suplicarte que infundas nueva vida, nueva fuerza, nueva frescura a nuestro amor conyugal. Que seamos unción el uno para el otro: transparencia del Amor Divino. Que por la ternura, la profundidad y la delicadeza de nuestro amor conozcamos el amor con que Tú nos amas. También nosotros, los dos juntos, queremos confirmarte lo mucho que te amamos. Permanezcamos los tres unidos en el Corazón de Jesús.

17 DE MARZO — UNA PERSONA

Espíritu Santo, a veces siento agobio cuando me presentan el ideal cristiano… Primero, porque me parece demasiado elevado y lejano a mi realidad. Segundo, porque no me siento capaz. Te pido que me ayudes a superar esta forma de ver las cosas. Yo no sigo un ideal, sigo una persona: Jesucristo. Yo no tengo que lograr nada por mí mismo, eres Tú, Espíritu Santo, quien vas a transformarme en Jesús. Así todo es diferente, me siento liberado y lleno de confianza. Cuenta conmigo.

18 DE MARZO — GRANDE Y ADMIRABLE

(Fiesta de San Cirilo)

Grande y admirable eres, Espíritu Santo, omnipotente en tus dones. Cuántas almas somos... y tú actúas de modo adecuado a cada uno. Tú ves nuestro pensamiento y nuestra conciencia, y también lo que hablamos y a lo que damos vueltas en nuestra mente. Pienso en cuántos son los cristianos de mi parroquia y cuántos los de todo el mundo. Pienso en los obispos, los sacerdotes, los diáconos, los monjes, las vírgenes y los laicos, tú nos riges a todos y nos concedes tus dones. En todo el mundo, a uno le regalas el pudor, a aquél la virginidad perpetua, a este el afán de dar limosna, a otro el interés por la pobreza y a otro, en fin, la capacidad de poner en fuga a los espíritus enemigos. Y así como la luz, con un solo rayo, todo lo ilumina, así también tú iluminas a los que tienen ojos. Que nunca me queje contigo de que no me das la gracia, antes habría de acusar mi propia incredulidad.

(Oración inspirada en un texto de San Cirilo)

19 DE MARZO — SAN JOSÉ

(Fiesta de San José)

Espíritu Santo, hoy celebramos a San José, esposo de la Virgen María y custodio de la Sagrada Familia.

Lo que más admiro de José es su silencio, no sólo porque no conocemos palabras suyas, sino porque era un hombre siempre abierto a la escucha. Un hombre que sabe escuchar no es fácil encontrarlo. Supo escucharte a ti y ser dócil a tus indicaciones. Supo guardar silencio ante la misteriosa concepción de María. Y hoy continúa en silencio a lo largo de la historia de la Iglesia. ¡Cuánto bien nos hace su silencio! Nos enseña que más vale el testimonio de humildad que mil discursos. Como esposo fue un fiel compañero de María, responsable y humilde servidor, no le gustaba el protagonismo. Gracias por enseñarnos a través de San José el valor del silencio, de la humildad, la fidelidad y el trabajo. Ayúdanos a seguir su ejemplo.

20 DE MARZO — PROHIBIDO

Espíritu Santo, aún quedan espacios reservados donde no te he dejado entrar. Te pido perdón porque te he tratado con desconfianza, como si fueras un ladrón que me quita espacios y criaturas que me pertenecen. Tú no quitas nada, lo das todo, lo embelleces todo. Toda mi vida te pertenece. Por eso, hoy quiero darte acceso a mis zonas prohibidas. Ven, Espíritu Santo, entra hasta el fondo del alma, entra a todos los rincones de mi existencia. Todas mis cosas son tuyas, mis talentos, mis conquistas, mi pasado, mi presente y mi futuro. No quiero más espacios prohibidos. Ya hice la prueba y donde no estás tú hay vacío, oscuridad, caos. Hoy quiero pedirte que te comportes con toda libertad conmigo, todo lo mío es tuyo. Se acabaron las zonas prohibidas.

21 DE MARZO — PREGÚNTALE

Un gran hábito a formar es el de preguntarle todo al Espíritu Santo. Hoy hazlo parte de tu vida, tu amigo más cercano, tu entrenador, tu consejero, procura recurrir a Él para preguntarle qué haría Jesús ante las diversas situaciones en que te encuentres a lo largo del día. Así, con toda naturalidad pregúntale: ¿qué haría Jesús ante este problema concreto que tengo ahora?, ¿qué haría Jesús si a Él le trataran de la manera en que me está tratando la persona que tengo delante?, ¿qué haría Jesús si Él tuviera que tomar esta decisión?, ¿qué haría Jesús al sentarse a la mesa para comer?, ¿qué haría Jesús si tuviera que organizar mi jornada?

22 DE MARZO — PERDÓN

Traigo dentro una rabia tan aguda que sabe a veneno. ¿Por qué lo hizo de nuevo? He perdonado ya tres veces. Basta ya. Esta vez no lo merece. ¿Qué hago, Espíritu Santo? Dime ¿qué debo hacer? «El perdón es un don. No tiene que merecerse. Lo que te pido ahora es misericordia; la misericordia es el amor a quien no lo merece. ¿Acaso no es tu experiencia cuando te acercas al confesionario una y otra vez con el mismo pecado?».

23 DE MARZO — ESTAR

(Habla el Espíritu Santo)

«Hoy soy yo quien voy a decirte algo importante: Trata de hablar menos en la oración, ven acá simplemente para estar, estar juntos: tú y Dios. No te preocupes si tienes o no materia que tratarme, no te inquietes si no sientes nada, si no te vienen ideas nuevas. No es cosa de tener la mente en blanco, sino inmersa en el misterio, impregnada de mi presencia. Lo que quiero es que estemos juntos. Eso es lo que tienes que buscar en la oración: tu encuentro personal con Dios vivo».

24 DE MARZO — SIEMPRE FIEL

Las nubes evocan el misterio de la presencia divina. Estas son ligeras y rápidas, como mensajeros. Espíritu Santo, tú guiaste a los hebreos bajo la forma de columna de nube, para mostrarles el camino durante el día. Y de noche los alumbraste con la columna de fuego. Así conmigo camino al Paraíso.

Estás siempre allí, eres mi guía. Tu presencia es garantía de protección. Es una presencia fiel, tengo la certeza de que nunca me vas a faltar. Gracias por tu fidelidad.

25 DE MARZO — MARÍA

(Solemnidad de la Anunciación)

Espíritu Santo, me imagino tu gran fascinación por María: una mujer sencilla, pura, delicada, tierna, discreta, humilde, modesta, pobre, alegre, atenta, generosa, profunda, prudente, fuerte, laboriosa... Viste en ella una tierra virginal abierta al Amor infinito, le ofreciste la divina fecundidad del Padre y nos trajo al Salvador: «¡Oh cielos, dejad caer vuestro rocío y que las nubes derramen como lluvia al Justo; que la tierra se abra y que produzca como un germen al Salvador» (Is 45, 8).

26 DE MARZO — HOY

Espíritu Santo, hoy quiero complacerte en todo, hoy quiero perseverar en la fe, hoy quiero rechazar toda tentación, hoy quiero parecerme más a Jesús, hoy quiero ser dócil a tus inspiraciones, hoy quiero dedicarme a servir, hoy quiero hablar bien de todos, hoy quiero dar testimonio de ti. Solo por hoy. Cada día tiene su propio afán (Mt 6, 34).

27 DE MARZO — TU JARDÍN

Espíritu Santo, por tu amor y tu gracia mi corazón es tu casa, puerta al cielo. Al principio caminabas con Adán por el jardín del Edén en la brisa de la tarde. Hoy mi corazón es tu jardín. Quiero hacer silencio, volver dentro y pasear contigo. Tú me conoces y sabes que soy débil. Como la llama del Tabernáculo, mi fe está fuerte a veces, otras palidece. Así, cuando está débil o vigorosa, quiero permanecer siempre a tu lado. Quiero permanecer en tu amor. Contigo, mi Pastor, nada me falta. Que nunca me esconda de ti, por más grande que sea mi pecado. Tú eres mi roca; mi corazón está firme en ti. No me dejes. Que nunca me separe de ti.

28 DE MARZO — ECO

Espíritu Santo, el eco en los cañones montañosos me fascina. Grito y siento que alguien me responde. Me da la impresión de estar hablando con un ser del más allá y que a la vez se identifica conmigo. Mi interlocutor permanece oculto pero sé que está allí, lo estoy oyendo. El eco resuena dentro y fuera, lo pierdo en las montañas y lo encuentro en mi interior. Es tan misterioso... Espíritu Santo, gracias por haber inventado el eco, me hace pensar en ti.

29 DE MARZO — CUERDAS

Espíritu Santo, tú pasas como brisa suave por las cuerdas de mi lira. Pasas siempre, pero no siempre te dejo silbar tu melodía. A veces me resisto cuando quieres tocar con ciertas cuerdas: el dolor, el perdón, la constancia, la entrega sin límites... Ven, toca mi pobre lira cuando quieras y como tú quieras, toca tus dulces armonías.

30 DE MARZO — ABOGADO

Cuando Jesús prometió tu venida, te llamó «el Paráclito», aquél que es llamado junto a uno, abogado (Jn 14,16.26; 15.26). Gracias, Espíritu Santo, por estar siempre conmigo, para defenderme del Maligno, para iluminarme, para guiarme a la casa del Padre por el Camino de Cristo. Sabiendo que tú eres mi Abogado ya no me sentiré solo jamás. Quédate siempre conmigo.

31 DE MARZO — INSPÍRAME

«Oh Espíritu Santo, Amor del Padre y del Hijo: Inspírame siempre lo que debo pensar, lo que debo decir, cómo debo decirlo, lo que debo callar, cómo debo actuar, lo que debo hacer, para gloria de Dios, bien de las almas y mi propia santificación.

Espíritu Santo, dame agudeza para entender, capacidad para retener, método y facultad para aprender, sutileza para interpretar, gracia y eficacia para hablar. Dame acierto al empezar, dirección al progresar y perfección al acabar. Amén».

(Cardenal Verdier)

Abril

1 DE ABRIL — EXAMEN

Al terminar el día entabla un diálogo familiar con el Espíritu Santo. Pregúntate si has permanecido en su presencia, si has cultivado una actitud filial y llena de confianza junto a Dios Padre, si has contemplado a las personas y los acontecimientos desde su mirada, si has aprovechado las oportunidades para alabarle, si has amado a todos al estilo de Jesús, si has tenido el valor de dar testimonio de tu fe. Pregúntale a Él, que es el Artista de tu alma, si ha podido modelarte conforme al ideal que es Jesús, o si ha encontrado alguna resistencia en ti.

Dale las gracias por su fiel compañía, por sus dones e inspiraciones, por los toques de amor con que te ha formado.

Pídele perdón si caminaste en sentido contrario. Visualiza en su presencia el día de mañana y pídele su gracia para ser barro dócil en manos del Alfarero.

2 DE ABRIL — ANCIANOS

Espíritu Santo, hoy quisiera pedirte por los ancianos, especialmente por los que se sienten más solos y los que tienen que cargar el duro peso del sufrimiento en su cuerpo y en su espíritu. Acompáñalos, consuélalos, fortalécelos, sánalos. Dales mucha paciencia. A través de ellos llénanos a todos de tu sabiduría y que ellos, a través nuestro, experimenten tu amor y tu ternura.

3 DE ABRIL — ÁRBOL

Espíritu Santo, quisiera ser un árbol plantado al borde de la acequia (cf. Sal 1) y alimentarme con las aguas cristalinas de la gracia que brotan del trono de Dios y del Cordero (cf. Ap 22,1). Un árbol con raíces profundas y tronco vigoroso, con ramas fecundas, cuajadas de hojas medicinales (cf. Ap 22, 2). Un árbol de fácil acceso, capaz de ofrecer cobijo, alimento y descanso. Un árbol que aún siendo todo esto permanezca invisible. Que quien lo vea y se acerque a él experimente de inmediato la bondad de Dios y en Él se quede. Solo en Él. ¡Ven Espíritu Santo! Tú eres el árbol de la vida, vive en mí y yo en ti.

4 DE ABRIL — ESCUCHA

Espíritu Santo, dame un «corazón que escucha» (1 Re 3, 9) que sea dócil a tu voz.

Reza esta oración varias veces a lo largo del día: al conversar con las personas, a la hora de tomar decisiones, cuando sientas mociones interiores, al ver personas necesitadas, cuando la conciencia te llama la atención, cuando experimentes tentaciones: Espíritu Santo, dame un «corazón que escucha» (1 Re 3, 9) que sea dócil a tu voz.

5 DE ABRIL — TU MIRADA

Espíritu Santo, sé que me estás viendo, de día y de noche me sigues con tus ojos, revoloteas continuamente sobre toda mi existencia. Cuando tú me miras me estás amando: me ves como una madre mira a su bebé. «Me hace feliz tan sólo tu mirada» (Santa Teresita). Tú me escrutas y me conoces, tú me tejiste en el seno materno, todas mis sendas te son familiares, (cf. Sal 139) lo ves todo, lo sabes todo y así me amas sin condiciones. Contigo no hay máscara que valga, tu mirada es profunda, no se detiene en la fachada, penetras hasta el fondo del alma. Tu mirada libera, purifica, alienta, acompaña; tu mirada es amable, comprensiva y compasiva, y también exigente cuando hace falta. Tu mirada es la chispa que despierta mi corazón profundo y lo mantiene en vela. Que no me esconda jamás de tu mirada, antes bien, que permanezca siempre en tu presencia. Bajo tu mirada amorosa estoy en paz.

6 DE ABRIL — PURIFICA MI MEMORIA

Espíritu Santo, te suplico que purifiques mi memoria para que en Cristo puedan redimirse todos los recuerdos que me inquieten o me hagan daño. Borra todo aquello que me lastime, sana las heridas, ilumina los momentos oscuros. Conserva los frutos de las malas experiencias, pero anula toda sombra de rencor o de tristeza. No quiero abrir heridas, mucho menos permitir que produzcan gangrena. En cambio, te suplico que mantengas viva la memoria de los bellos momentos, la gratitud por las buenas experiencias, el gozo de los momentos felices. Dejo mi pasado en manos de tu Divina Misericordia, para que mis recuerdos sean fuente de paz y gratitud.

7 DE ABRIL — ARROJO

Espíritu Santo, qué notable fue tu presencia en los primeros discípulos de Jesús. Después de Pentecostés tomaron valor y llenos de confianza dieron testimonio de Cristo incluso arriesgando la vida. Desde entonces muchos han dado sus vidas, según se lo has inspirado a cada uno: en el martirio, en la virginidad, en el sacerdocio, en la vida consagrada, en la entrega diaria a sus familias, en el servicio a los más necesitados. Te suplico, Espíritu Santo, me des valor para dar testimonio del evangelio, para presentarme ante todos, con seguridad y confianza, como amigo y seguidor de Jesús. Nuestro mundo necesita el arrojo de los primeros cristianos, que no es fanatismo, sino convicción, pasión de amor, alegría contagiosa de quien posee el Amor y lo desborda.

8 DE ABRIL — LA ESTRELLA

Espíritu Santo, hay tinieblas, densos nubarrones. La estrella que veía tan clara, ahora no la veo. Es la hora de la verdad, necesito una fe fuerte como la del Centurión o como la de Abraham para creer sin ver. La fe me da la certeza de que la estrella está allí, aunque no la vea. Debo saber esperar, tener confianza, las tinieblas pasarán.

9 DE ABRIL — SERVIR

Espíritu Santo, unge mis manos para servir a todos con amor, que sea siempre tu humilde servidor. Que me olvide de mí mismo, que me desprenda de mis planes, que sólo busque hacer felices a los demás. Que por mis actitudes y mis actos de servicio las personas experimenten el amor de Dios. Que no me vean a mí, sino a ti. Que cuando se sientan amados por mí te lo agradezcan a ti y se queden contigo.

10 DE ABRIL — ALFARERO

Hoy entro al taller del Alfarero (cf. Jer 18, 1-6). Allí está el torno dando vueltas como la historia de mi vida. El barro soy yo. Tú el Alfarero. No quiero resistirme, quiero ser barro blando que se deja modelar. Si el cacharro sale mal, no tengas reparo en volver a empezar. Lo único que anhelo es que al final de mi vida me parezca lo más posible a Jesús y así me presentes delante del Padre.

11 DE ABRIL — NO LO SOPORTO

Espíritu Santo, tú bien sabes que a esa persona no la soporto, que he intentado tantas veces y no puedo más, su carácter, su actitud me supera. Por eso hoy vengo a ti, porque quiero poner amor y vengo a pedirte amor. Ven a mi corazón, lléname de caridad y pon tú la virtud que yo no sé de dónde sacar ya. Estoy dispuesto, abierto a intentar de nuevo, con la confianza de que si pongo amor donde no hay amor, encontraré amor.

12 DE ABRIL — SEGURIDAD

Espíritu Santo, una inseguridad creciente se propaga por las calles. Las noticias reportan continuos hechos alarmantes. Protégeme, Señor;

protege a todos mis seres queridos. Que nada malo nos suceda. Resguárdanos en el corazón de María, que tu gracia sea nuestro escudo. Te pido también por los delincuentes. Ilumina sus mentes, transforma su corazón, sana sus heridas, endereza sus caminos. Que todos vivamos seguros y en paz.

13 DE ABRIL — NIEBLA

Espíritu Santo, así es tu presencia en mi vida: como la niebla que se desliza entre los árboles. Pasas en silencio. Preguntas, insinúas, tocas con respeto. Eres una presencia suave y fresca. Eres el Espíritu de Amor. El gran regalo de Jesús. Si cuando pasas y llamas te abro, te detienes, te haces sentir con mayor fuerza, me bañas con tu gracia, me envuelves, impregnas toda mi persona, me das vida desde dentro. Tu presencia se vuelve encuentro. Tantas veces quiero verte y no puedo. Muéstrame tu rostro, te suplico. Y no te veo. Pero me siento en tus brazos, como un niño abrazado por su madre que no ve su rostro, pero siente su presencia que lo envuelve por todas partes y lo protege. Si me piden que demuestre que estás allí y que me escuchas no sé hacerlo. Es difícil de explicar la comunión de amor. No sé explicarlo, no puedo demostrarlo, pero tengo la certeza de que estás aquí, y hoy quiero bendecirte de nuevo.

14 DE ABRIL — RESURRECCIÓN

Espíritu Santo, quiero unirme al gozo del Padre y de María al ver a su Hijo resucitado. ¡Qué noche tan dichosa, solo ella conoció el momento en que Cristo resucitó de entre los muertos! Tú eres ese extraordinario «poder que Dios manifestó en Cristo cuando lo resucitó de entre los muertos» (Ef 1, 18-20). Tu acción ha vivificado la humanidad muerta de Jesús y la ha llamado al estado glorioso del Señor. Con la resurrección de Cristo todo comienza. El río de Vida se difunde desde la tumba hasta nosotros en el Cuerpo incorruptible de Cristo; Cristo Resucitado es «espíritu vivificante» (1 Cor 15, 45), que derrama en su cuerpo la Gloria de Dios. «El río de la Vida puede ahora brotar del Trono de Dios y del Cordero» (Jean Corbon, *Liturgia Fontal*).

«Cristo, resucitado de entre los muertos, ya no muere más» (Rm 6, 9). Por eso, en esta Pascua te suplico que vengas también sobre mí, que al igual que Cristo fue resucitado de entre los muertos, así también yo viva una nueva vida en ti (cf. Rm 6, 4). Que sea un cristiano lleno de confianza porque Cristo Resucitado no me dejará en el olvido, sino que me resucitará para la vida eterna. Que sea un cristiano alegre y valiente porque Cristo ha vencido la muerte y el pecado. Que me decida a aprovechar más y más los sacramentos para así vivir unido a Cristo Resucitado, con su savia divina corriendo por mis venas.

15 DE ABRIL — SAGRADA ESCRITURA

Espíritu Santo, así como Cristo nació de ti y de la Virgen María, así la Biblia está escrita bajo tu inspiración; tú habitas la Escritura. Te lo suplico, concédeme la gracia de aprender a leerla con un corazón que escucha (cf. 1 Re 3, 9) para que tus palabras realicen en mí lo que dicen. Que cuando lea la Biblia, Cristo nazca y crezca en mí.

16 DE ABRIL — CONFESIÓN

Cada vez que me llevas al confesionario y recibo la absolución de mis pecados se restablece el orden y reina la paz en mi vida. Espíritu Santo, que nunca me comporte como un autosuficiente, que siempre reconozca que eres tú y sólo tú quien limpia los pecados, quien da la fuerza para levantarse y seguir luchando, quien hace del desierto un nuevo jardín de Edén. Gracias por los sacerdotes, gracias por el sacramento de la confesión, gracias por ser a través de ellos el Agua que purifica mis manchas y me llena de Vida y armonía.

17 DE ABRIL — MEDIO LLENO

Espíritu Santo, somos buenos para ver y pedir lo que nos falta, menos buenos para dar las gracias por los dones recibidos. Hoy quiero ser un hijo agradecido, no quejarme ya de que el vaso está medio vacío, más bien agradecerte porque tengo el vaso medio lleno o el vaso lleno, aunque pequeño. Gracias por todos los dones que me has dado, especialmente por el don de la vida y el inmenso don de mi fe católica, gracias por el don de mi familia y de mis amigos, gracias por darme entendimiento y libertad, gracias por todo lo que tengo y lo que soy. Veo el vaso medio vacío cuando me comparo con los demás o cuando me vuelvo ambicioso. Te lo suplico, Espíritu Santo, ayúdame a ser pobre de espíritu, a gozar de lo que tengo y compartirlo, a dar amor sin medida ni condiciones, con la seguridad de que se repetirá en mí lo que le sucedió a la viuda de Sarepta (cf. 1 Re 17, 7-24), que por ser generosa y magnánima en el propio desamparo recibió a cambio un cántaro lleno y desbordante que por más que da, nunca se acaba.

18 DE ABRIL — VIDA ACELERADA

Espíritu Santo, traigo el espíritu agitado. Mi ritmo de vida es demasiado acelerado. Estoy urgido de paz, pero mis obligaciones no me la permiten. ¿Será que mi vida es contradictoria? ¿Será que debo esperar años a que cambien las circunstancias y pueda adoptar un ritmo de vida diferente? Ilumíname, Espíritu Santo, ¿qué debo hacer? «El problema no está en la actividad sino en tu superficialidad».

19 DE ABRIL — ABANDONO

Espíritu Santo, un día le inspiraste a San Agustín justo lo que yo necesitaba escuchar hoy: «El pasado déjalo en manos de la Divina Misericordia, el futuro en manos de la Divina Providencia, el presente en manos del Divino Amor». Así es que aquí me tienes: en tus manos.

20 DE ABRIL — POR LOS MÁS NECESITADOS

Espíritu Santo, hoy quisiera pedirte que dirijas tu mirada y auxilies a los más necesitados: a los que sufren en los hospitales, a los ancianos abandonados, a los que padecen depresión, a los mendigos, a los niños de la calle, a los desempleados, a los huérfanos, a todos aquellos que sufren injusticias, a los que se sienten rechazados por su familia, a los marginados por la sociedad. Hoy te quiero suplicar que los consueles, que les des paciencia y fortaleza para seguir luchando y salir adelante. Mueve los corazones de los que podemos hacer algo por ellos para que nos comportemos como verdaderos hermanos.

21 DE ABRIL — MI ALEGRÍA

(Fiesta de San Anselmo)

«¡Oh luz suprema e inaccesible! ¡Oh verdad íntegra y feliz, qué lejos estás de mí que estoy tan cerca de ti! ¡Qué lejos estás de mi presencia, mientras yo siempre estoy en la tuya! En todas partes estás presente e íntegra, y yo no te veo. Me muevo y existo en ti, y, sin embargo, no puedo alcanzarte. Estás dentro y alrededor de mí y no te siento. Te ruego, Señor, que te conozca y te ame para que encuentre en ti mi alegría. Y si en esta vida no puedo alcanzar la plenitud, que al menos crezca de día en día hasta que llegue a aquella plenitud. Que en esta vida se haga más profundo mi conocimiento de ti, para que allí sea completo; que tu amor crezca en mí para que allí sea perfecto, y que mi alegría, grande en esperanza, sea completa en la posesión» (San Anselmo, *Proslogion*).

22 DE ABRIL — LLAGAS

Espíritu Santo, muéstrame las llagas de Cristo crucificado, permíteme sufrir con Cristo que sufre, déjame acompañarle con María en el Calvario. Que la contemplación de Cristo paciente y sangrante purifique mi mirada y mi conciencia, y me ayude a renunciar a todos los vicios y alejarme de todo mal que pueda ocasionarle un mayor sufrimiento.

No quiero provocar dolor a Jesús, sí consuelo y descanso.

23 DE ABRIL — TEMOR DE DIOS

Espíritu Santo, la Sagrada Escritura afirma que «Principio del saber, es el temor de Yahveh» (Sal 110/111, 10; Pr 1, 7); dame pues el don de temor de Dios, que no es miedo que me llevaría a evitarlo, sino el sentimiento sincero que el hombre experimenta frente a la tremenda majestad de Dios. No permitas que caiga en la superficialidad y la indiferencia frente al pecado; que esté dispuesto a morir antes que pecar, no por otra cosa sino por ahorrarte más penas a ti que eres digno de toda fidelidad. Quiero apartar de mi vida cualquier cosa que podría desagradar a Dios. Que cuando tenga la desgracia de caer, mis infidelidades no me resulten indiferentes y que siempre sea consciente de que puedo ser «encontrado falto de peso» (Dn 5, 27) en el juicio eterno, del que nadie puede escapar. Que con un profundo sentido de responsabilidad y de fidelidad a tu ley, busque mi propia salvación «con temor y temblor» (Flp 2, 12). Gracias por la inmensa confianza que me suscita la infinita misericordia del Padre, pero gracias también por la trepidación que nace de la conciencia de mis culpas y la perspectiva del castigo eterno. Que me ocupe y me preocupe de no disgustar a Dios, de amarlo como Padre, de no ofenderlo en nada.

24 DE ABRIL — BRASA ARDIENTE

Espíritu Santo, en mi relación contigo, amarte es poseerte, pero sobre todo dejarme poseer por ti, como el tronco que arde en llamas: más que poseer las llamas, se deja penetrar por ellas. Las llamas transforman al leño en brasa ardiente. El trabajo de mi santificación es más tuyo que mío, eres tú quien me purifica y quien hace que Cristo gane terreno en mí. Cuando amo, tú amas en mí, es tu amor el que alcanza a mis hermanos a través de mí, porque tu Amor antes me ha transformado, he asumido los caracteres mismos del fuego. Te lo suplico, que alcance una comunión profunda contigo: ya no tu fuego por un lado y mi leño por otro. Que cada día me deje poseer más por ti y que cada día te posea con mayor plenitud. Espíritu Santo, visita mi existencia y déjame contigo, que sea brasa ardiente.

25 DE ABRIL — BUEN OLOR

Como se percibe la presencia del azahar en el huerto así se percibe tu presencia en las personas, Espíritu de Cristo. El suave olor de Cristo (cf.

2 Cor 2, 15) se percibe donde hay humildad, mansedumbre, sencillez, caridad, generosidad, verdad, pobreza, obediencia, pureza... que son aroma de incienso encendido en el fuego de tu amor. Quédate entre nosotros, Espíritu de Cristo, que tantas y tantas personas virtuosas que encuentro a diario sigan siendo testigos elocuentes de que Cristo Resucitado anda entre nosotros. Quédate entre nosotros, dame la capacidad de percibirte y la humildad de reconocerte en mi prójimo.

26 DE ABRIL — TRANQUILO

Espíritu Santo, saber que estás conmigo me serena y me llena de seguridad. Si tú me proteges, ¿quién me hará temblar? Por eso, nada como estar en gracia para vivir tranquilo. Ven siempre conmigo, sé mi escudo, mi alcázar, mi fortaleza, «mi tranquilidad». No permitas que resbale, permanece siempre a mi derecha, guárdame a tu sombra, guarda mis entradas y salidas ahora y por siempre (cf. Sal 120).

27 DE ABRIL — SEGUIR ESPERANDO

Espíritu Santo, tú me conoces, sabes que soy impaciente. Me gusta recibir respuestas de inmediato, entenderlo todo y tenerlo claro. Pero con frecuencia tengo que seguir esperando. Tú respondes y esclareces las cosas cuando te parece oportuno. Dame la paciencia para dejar preguntas abiertas, el tiempo que sea necesario.

28 DE ABRIL — TODO TUYO

(Fiesta de Luis María Grignion de Montfort)

Espíritu Santo, hoy quisiera pedirte que mi vida cristiana esté fundada sobre roca firme, no en una piedad que se limita a devociones, sino en la verdadera devoción a Cristo crucificado, a ti y a María. Ayúdame a vivir la cruz redentora dentro del corazón de María, a Ella le entrego cuerpo y alma para que haga conmigo lo que quiera, pues todo lo que Ella quiere es de Dios. Que María disponga de mí y me lleve a Jesús. Soy todo tuyo, María.

29 DE ABRIL — SER

(Fiesta de Santa Catalina de Siena)

Quiero ser auténtico, sin máscaras, fachadas o apariencias, ser lo que soy: hijo tuyo y de la Iglesia. Tú esperas eso de mí, que viva como quien ha recibido el bautismo y la unción y así colabore contigo en la extensión del Reino de Cristo. «Si sois lo que tenéis que ser, prenderéis fuego al mundo entero» (Santa Catalina de Siena, *Cartas*).

30 DE ABRIL — EL MISMO PODER

Espíritu Santo, ilumina mi corazón para que pueda valorar la esperanza a la que he sido llamado, los tesoros de gloria que encierra mi herencia, y la extraordinaria grandeza del poder con que tú obras en mí, por la eficacia de tu fuerza. Tú eres el mismo poder que Dios manifestó en Cristo, cuando lo resucitó de entre los muertos y lo hizo sentar a su derecha en el cielo (cf. Ef 1, 18-20).

Mayo

1 DE MAYO — ¿DÓNDE ESTÁS, FUENTE?

Este día trata de remontarte a la Fuente del amor. Mira los gestos de personas que se aman y pregúntate: ¿dónde estás, Fuente? Recuerda los momentos bellos en que te has sentido muy amado y trata de descubrir la Fuente primera de donde brota el amor. Toma conciencia de tus propios sentimientos generosos, de los impulsos de amor que has sentido tantas veces, y de los sacrificios que has sido capaz de hacer por amor a los demás, y pregúntate ¿dónde está la Fuente de mi capacidad de amar?

2 DE MAYO — CREACIÓN

(Fiesta de San Atanasio)

Espíritu Santo, afina mis oídos, ábreme los ojos, que no ande por el mundo ni como el sordo ni como el ciego, quiero verte y escucharte en la creación. Tus criaturas son tu primera revelación, son casi otro libro sagrado. «El firmamento, con su grandeza, su belleza y su orden, es un admirable predicador de su Artífice, cuya elocuencia llena el universo» (San Atanasio, *PG 27, 124*). Dame una fe viva para descubrir tu presencia en todas las cosas, de tal manera que vivir equivalga a estar contigo. Espíritu Santo, esta jornada la quiero pasar contigo viéndote y escuchándote en todas las criaturas.

3 DE MAYO — LENGUA

(Fiesta de los santos Felipe y Santiago)

Espíritu Santo, me arrepiento mucho de haber usado mi lengua para hablar mal de las personas. Tú fuiste muy claro en el mensaje que nos diste a través del Apóstol Santiago: «Toda clase de fieras, aves, reptiles y animales marinos pueden ser domados y de hecho han sido domados por el hombre; en cambio ningún hombre ha podido domar la lengua; es un mal turbulento; está llena de veneno mortífero» (Sant 3, 7-8). «Si alguno no cae hablando, es hombre perfecto» (Sant 3, 2). «Si alguien se imagina ser persona religiosa y no domina su lengua, se equivoca y su religión es vana» (Sant 1, 26). Que esta lengua con la que te bendigo en oración, la use también para bendecir a los hombres. Que de ella brote bendición, nunca maldición.

4 DE MAYO — HIJOS

(Oración de un padre de familia)

Espíritu Santo, quiero lo mejor para mis hijos, por eso quiero que te conozcan y sean buenos amigos tuyos. No sé bien qué hacer para favorecer su crecimiento espiritual, a veces siento que me excedo, a veces que peco de omisión. Yo sé que mis palabras y sobre todo mi testimonio como padre/madre son determinantes para que estén cerca de ti. Dame la sabiduría y la prudencia necesarias para ser un buen educador en la fe de mis hijos. Que a través de mí experimenten tu amor y tu bondad, que por mi ejemplo aprendan a obedecerte y respetarte, que por mi autenticidad de vida quieran seguirte de cerca. Ayúdame a ser un buen instrumento tuyo en la educación de mis hijos, que antes lo son tuyos. Yo sé que es la mejor herencia que puedo dejarles: el don de tu amistad.

5 DE MAYO — LA FUERZA DE TU AMOR

Espíritu Santo, a veces no tengo ganas de rezar, «no me nace ir a misa». Ayúdame a que en esas ocasiones no me deje llevar por los estados anímicos sino que prevalezca la fuerza del amor, la fuerza de tu amor. Me sé un hijo muy amado por Dios, ¡muy amado! Solo recordar que Dios me ama como el mejor de los padres y que quiere estar conmigo, me dispone a dar lo que el Amor me pide. «Mira que toco a la puerta y llamo, si alguno oye mi voz y me abre, entraré con él y cenaremos juntos» (Ap 3, 20).

6 DE MAYO — TAL CUAL SOY

Espíritu Santo, tú me modelaste tal cual soy: con mi rostro, mi color de piel y mi estatura. Me soñaste tal cual soy. Me hiciste tal cual soy. Me amas tal cual soy. Me esperas tal cual soy. ¡Tal cual soy! Saberme amado así por ti, me llena de paz. Espíritu Creador, Artista Divino, mi Alfarero, que también yo me acepte tal cual soy.

7 DE MAYO — AHORA

Espíritu Santo, solo Tú lo tienes todo claro, solo Dios conoce el futuro. Que cuando tenga que opinar o tomar decisiones no me torture el temor a equivocarme ni me inquieten las mil posibilidades del futuro. Enséñame a decidir según lo que ahora siento y veo que es lo mejor. Eso sí, te suplico que siempre me asistas en la toma de decisiones porque quiero que se realicen tus planes.

8 DE MAYO — VAMOS ARANDO

Espíritu Santo, líbrame de la vanagloria, cuántas veces me atribuyo el mérito que sólo a ti te pertenece. Me siento tan ridículo como aquella mosca que iba encima del buey proclamando: «¡vamos arando!» Quiero aprender del Papa Juan Pablo II que cuando recorría las avenidas de México mientras la gente le ovacionaba, él repetía una y otra vez: «Es para ti, Señor». Perdón por atribuirme méritos que no son míos, sino tuyos. Todo honor y gloria, sólo a ti, Señor.

9 DE MAYO — NO TE ENTIENDO

Espíritu Santo, de verdad, no te entiendo. He hecho las cosas de la mejor manera que he podido, te he servido en mi familia y en la Iglesia, he obrado en todo según recta conciencia, me he sacrificado, he orado, he puesto amor, mucho amor, y todo resulta al revés. No te entiendo, pero sigo confiando en ti.

10 DE MAYO — SEMEJANZA

Tú eres el Espíritu que da la Vida, el que me conducirá a recuperar la semejanza con Jesús perdida por el pecado. En eso consiste la verdadera vida: en vivir en Cristo, en vivir con Cristo y vivir de Cristo. Esto es algo que simplemente me supera, tiene que ser obra tuya.

Tú, «Espíritu Santo de la Promesa» (cf. Ef 1,13-14) dame tu vida nueva, tú bien sabes cuánto la deseo.

11 DE MAYO — PIEDAD

Espíritu Santo, dame el don de piedad, que toda mi vida esté orientada a la gloria de Dios, que mi quehacer se resuma en postrarme y adorarle en todo momento y circunstancia. Que cuando contemple a Dios mi Padre lo conozca como es: bondadoso y providente. Que aprenda a dirigirme a Él con profunda confianza, con la familiaridad propia del hijo (cf. Rm 8,15). Libera mi corazón de cualquier tipo de dureza y ábrelo a la ternura para con Dios y para con mis hermanos. Infunde en mí una nueva capacidad de amar al prójimo; que sea siempre manso y humilde en mi relación con todos, reflejo del Corazón de Jesús. Extingue cualquier foco de tensión y división que brote en mí, elimina los brotes de amargura, de cólera y de impaciencia, y dame sentimientos de comprensión, de tolerancia y de perdón. Que en mis relaciones contigo y con mi prójimo sea como María: alabanza de tu gloria.

12 DE MAYO — ESTRELLAS

Esta noche date el tiempo para salir solo a la intemperie. Tírate en el pasto o siéntate tranquilo en una mecedora. Respira profundo, relájate, pasa un rato mirando las estrellas. Mientras contemplas la bóveda celeste, escucha el sonido del silencio, siente la presencia del Espíritu y dile que tú también lo quieres.

13 DE MAYO — FÁTIMA

(Fiesta de la Virgen de Fátima)

Espíritu Santo, hoy quiero darte las gracias por el don de la Santísima Virgen María y la multitud de regalos que das a tu Iglesia a través de Ella. ¿Qué haríamos sin su protección maternal? En esta su fiesta quiero leer en tu presencia el mensaje que le dio a Lucía y pedirte que cuando el sufrimiento toque la puerta de mi vida, me llenes de confianza al tener la certeza de que cuento con María: «¿Y tú sufres mucho? No te desanimes. Yo nunca te dejaré. Mi Inmaculado Corazón será tu refugio y el camino que te conducirá a Dios».

14 DE MAYO — LIBERACIÓN

Espíritu Santo, libérame del sentimiento de culpa y del resentimiento, libérame del miedo que me paraliza. Libérame de todo hábito de pecado, de mis pasiones, de mis bajas inclinaciones. Libérame de la soberbia, la autosuficiencia, la presunción, la prepotencia, la ambición. Libérame del egoísmo, la vanidad…. Libérame de la pereza, la sensualidad, las falsas prudencias, la pusilanimidad. Quiero someterme solo a ti, a la ley del amor. Te entrego mi libertad, como María; quiero ser tu esclavo, tu servidor, todo tuyo y solo tuyo. Quiero ser como Cristo, hijo obediente al Padre y servidor de los hombres. Quiero la vida en el Espíritu, la vida en Cristo, la vida de gracia.

15 DE MAYO — FUERZA

Soy poquita cosa, tan poquita cosa… Pero a través de ti, Espíritu Santo, Dios ha derramado su amor en mi corazón (cf. Rm 5, 5). Al tenerte, poseo las arras, las primicias de mi herencia eterna (cf. Rm 8, 23; 2 Cor 1, 21), la misma vida de la Santísima Trinidad dentro de mí. He recibido una Fuerza, soy depositario del Poder más grandioso, llevo dentro de mí al principio de la vida nueva en Cristo. Poquita cosa… pero tan grande a tus ojos que has querido tomar morada en mí. ¡Gracias, Espíritu Santo! Contigo todo lo puedo.

16 DE MAYO — CREATIVIDAD

¡Qué creatividad la tuya! Los tres últimos Papas: Juan Pablo II, Benedicto XVI, Francisco. Más diferentes no podían ser. Las personas cambian, cambian los estilos, cambian las estructuras, pero tú permaneces. Unidad en la diversidad. La Iglesia siempre nueva y siempre la misma. Que no tenga miedo a los cambios, que esté siempre abierto a tu capacidad de sorprendernos. Tú eres el Señor de la Historia. Contigo al timón vamos seguros.

17 DE MAYO — OTRA VEZ: GRACIAS

Espíritu Santo, hoy quiero darte las gracias por la inspiración que diste a los profetas, el valor que infundiste en los mártires, la luz con que iluminaste a los místicos, la fortaleza de los confesores, la generosidad de las vírgenes, la prudencia de los pastores. Gracias por haber puesto tantos medios para conocer el camino a la casa del Padre.

18 DE MAYO — OXÍGENO

Espíritu Santo, tú llevabas a Jesús al desierto, a la montaña, de madrugada, a medianoche; Jesús necesitaba estar siempre con su Padre. Con esta vida donde todo va de prisa, tan llena de ruido, de compromisos y de urgencias, también yo siento que necesito espacios de paz. Tú eres el aire que respiro. Sin ti muero. Necesito respirar a pleno pulmón, respirar profundo en mi encuentro diario contigo en la oración. Si no oro muero de asfixia.

19 DE MAYO — VEN, ESPÍRITU DIVINO

Ven, Espíritu Divino, manda tu luz desde el cielo. Padre amoroso del pobre; don, en tus dones espléndido; luz que penetra las almas; fuente del mayor consuelo.

Ven, dulce huésped del alma, descanso de nuestro esfuerzo, tregua en el duro trabajo, brisa en las horas de fuego, gozo que enjuga las lágrimas y reconforta en los duelos.

Entra hasta el fondo del alma, divina luz y enriquécenos. Mira el vacío del hombre, si tú le faltas por dentro; mira el poder del pecado, cuando no envías tu aliento.

Riega la tierra en sequía, sana el corazón enfermo, lava las manchas, infunde calor de vida en el hielo, doma el espíritu indómito, guía al que tuerce el sendero.

Reparte tus siete dones, según la fe de tus siervos; por tu bondad y tu gracia, dale al esfuerzo su mérito; salva al que busca salvarse y danos tu gozo eterno. Amén.

(Secuencia para la Solemnidad de Pentecostés)

20 DE MAYO — PERDONAR A TODOS

Te lo suplico, Espíritu Santo, purifica mis sentimientos y ayúdame a perdonar a todos y de todo. Dame un Corazón como el de Jesús. Libérame de las ataduras de los malos sentimientos, inunda mi corazón de una profunda paz. No quiero ni acordarme del mal que me hicieron y si se me viene a la memoria, que tenga la nobleza de agradecer la ocasión que aquello me dio para sacar bien del mal. Con la ayuda de tu gracia perdono a todos; con un corazón magnánimo, los perdono con amor. Esta es mi ofrenda para ti y para ellos, la hago sin esperar nada a cambio, solo por amor y con el deseo de agradarte.

21 DE MAYO — TRANSPARENCIA

Espíritu Santo, con frecuencia me propongo ser una mejor persona, más bondadoso, más amable, con mayor capacidad de escucha. Hoy me hiciste ver que no debo hacerlo solo por ser mejor persona, sino mejor canal. Tú quieres amar a los demás a través de mí, que las personas experimenten la belleza de tu amor al ser yo instrumento de tu amor. Esa es mi misión: ser transparencia de tu amor.

22 DE MAYO — DESESPERADOS

(Fiesta de Santa Rita)

Espíritu Santo, en la fiesta de Santa Rita quiero pedirte que aumentes mi fe en el poder de la oración, y en particular, la oración de intercesión. Bien sabes que Santa Rita es la abogada de los casos desesperados y que, por tanto, la gente acude a ella en casos difíciles. Sin embargo, no es ella la que tiene el poder de resolver las cuestiones extremas, sino que su gran poder reside en la absoluta confianza que tiene en ti; por eso su oración de intercesión era tan eficaz. Te lo suplico ¡Aumenta mi fe! y que suceda en mí lo que prometió Jesús: «Cualquier cosa que pidáis en la oración, creed que os la han concedido, y la obtendréis» (Mc 11, 24).

23 DE MAYO — ACEITE

Espíritu Santo, eres como aceite penetrante. Una gota de aceite derramada entra poco a poco en todas partes, lo invade todo, lo penetra todo. Así quisiera que tu acción santificadora entrara en todas las dimensiones de mi persona: mi cuerpo, mi sensibilidad, mi imaginación, mi memoria, mi inteligencia, mi voluntad. Quiero ser como Cristo y eso solo tú puedes lograrlo. ¡Ven Espíritu Santo! Santifícame.

24 DE MAYO — PERENNE LITURGIA

Espíritu Santo, quiero ser como Jesús que vivía todo momento en referencia al Padre. Se apartaba al desierto y subía a la montaña en busca de silencio para estar a solas con el Padre, pero no solo, sino que todo lo que hacía lo hacía para la gloria del Padre. Su identidad de Hijo del Padre, permeaba toda su actividad. Su vida era una liturgia perenne. Quiero aprender de Él, no sintiéndome satisfecho por consagrar algunos momentos del día a la alabanza divina. Tú me invitas a transformar toda mi existencia en una perenne liturgia (cf. Rm 12, 1) y hoy quiero aceptar tu invitación.

25 DE MAYO — MUCHO VINO

Cuando el sacerdote prepara el cáliz en la santa misa pone mucho vino y poca agua, cuando tú, Espíritu Santo, desciendes con tu poder transformante sobre aquella mezcla tenemos la Sangre de Cristo. Mi apostolado al servicio de la Iglesia resulta a veces demasiado aguado. Es excesivo mi protagonismo. Ayúdame a ubicarme, a poner con pasión y sencillez, toda mi pequeñez junto a todo tu poder, y que el fruto sea para el bien de las almas y la extensión del Reino de Cristo, lo vea yo o no lo vea.

26 DE MAYO — ECOS

Hoy prueba una forma diferente de oración. Repite interiormente durante el día la frase de San Pablo: «Me amó y se entregó por mí» (Gal 2, 20) Que allí esté repitiéndose, como un eco, en tu memoria y tu corazón, decenas de veces, como un largo rosario (corona de rosas). Esa es la parte que tú pondrás. Pide al Espíritu Santo que Él haga que esa verdad se anide en tu corazón y haga mella en ti, que te conceda revivir la experiencia del inmenso amor que Jesucristo te ha tenido al encarnarse, padecer y morir por ti.

27 DE MAYO — BRISA

Eres invisible, pero hoy te vi, estuve con una persona que me llenó de paz. Cuando hay amor, alegría, paz, paciencia, afabilidad, bondad, fidelidad, modestia, dominio de sí (cf. Gal 5, 22), es que allí estás tú. Eres como la brisa: invisible, solo se percibe por sus efectos. Gracias por enviarme emisarios de tu presencia.

28 DE MAYO — SOLEDAD

Espíritu Santo, hoy quiero pedirte que me ayudes a valorar la soledad. Hablo de soledad, no de aislamiento. Sé que aislarse no es bueno, pero buscar espacios de silencio y soledad sí. Es lo que aprendo de Jesús: Él buscaba la soledad, para cultivar la comunión con el Padre y contigo, se iba a la montaña y al desierto, de madrugada y de noche, por tiempos largos y otros más cortos. Para Jesús, la soledad no era motivo de tristeza, sino espacio de comunión. La soledad buscada es bella, porque en la soledad el hombre descubre que no está nunca solo. Espíritu Santo, que adquiera el gusto por el desierto, como oportunidad para conocerme mejor y crecer en el amor a ti y a mi prójimo, y que después de estar a solas contigo no permitas que me aísle. Cuando la vida me imponga la soledad humana (noches de hospital, traición, depresión, muerte, ancianidad...) concédeme la gracia de aprovecharla para disfrutar tu presencia en el fondo de mi alma.

29 DE MAYO — BURBUJA

Te lo suplico, Espíritu Santo, dame una mirada de amplios horizontes, no quiero vivir encerrado en mi burbuja. Quiero ser capaz de ver las necesidades de las personas que sufren y sentir compasión, como Cristo, que no pudo quedarse indiferente ante el sufrimiento humano y se hizo carne para redimirnos. Arranca de mí el corazón de piedra y dame un corazón de carne (cf. Ez 36, 26).

30 DE MAYO — NO HAY CAMINOS

Espíritu Santo, me llamas a remar mar adentro, a caminar por el desierto, a subir más alto. Te gusta llevarme a donde no hay caminos. Ni en el mar, ni en el desierto, ni en el aire hay caminos. Así es la vida: ¿quién iba a imaginar el camino que habría de recorrer? ¿Quién conoce con certeza su futuro? Cuando no hay caminos me siento inseguro, pero si voy contigo, ¿qué más seguridades necesito? Aunque no haya caminos, tengo guía, tú eres mi guía. No permitas que nunca me separe de ti.

31 DE MAYO — IMPERIO DE LA ALEGRÍA

(Fiesta de la Visitación)

Espíritu Santo, hoy quiero contemplar a María entrando en casa de Zacarías, «en cuanto oyó Isabel el saludo de María, saltó de gozo el niño en su seno, e Isabel quedó llena de Espíritu Santo» (Lc 1, 41). En aquel encuentro estalló la alegría. La alegría es la ventana que desvela el secreto de las riquezas interiores. Tú eres el imperio de la alegría, Espíritu Santo, un continuo desbordarse del amor de Dios. Y María, tu fiel cooperadora. Tú nos traes a Jesús a través de María y siempre que encuentran un corazón receptivo, lo llenan de gozo y se quedan en él. La visitación de María a Isabel me ayuda a comprender una vez más qué buena mancuerna hacen tú y María. «¡Qué hermosos son sobre los montes los pies del mensajero que anuncia la paz, que trae buenas nuevas, que anuncia salvación, que dice a Sión: "Ya reina tu Dios"!» (Is 52, 7). Yo los quiero en mi vida, para que me anuncien la salvación; los quiero lo más cerca que sea posible. Vengan a visitarme como a Isabel y a Juan Bautista, visítenme todos los días, tráiganme a Jesús y quédense a vivir conmigo.

JUNIO

1 DE JUNIO — PERMANENTE

El día de hoy procura mantenerte en *"on"* con el Espíritu Santo. Que no sea una relación intermitente: *"on/off"*. Que tu relación con Él no se limite a prácticas aisladas esparcidas a lo largo de la jornada, sino que sea un estado del alma, algo vivo, profundo, continuo y permanente. Que sea como el flujo sanguíneo: una constante. Vivo, ya no yo, sino el Espíritu que vive en mí.

2 DE JUNIO — HUMO

Espíritu Santo, cuántas cosas de este mundo nos deslumbran: honores, títulos, riquezas, belleza corporal... pero todo pasa: es puro humo. «¡Vanidad, pura vanidad!, dice Cohélet. ¡Vanidad, pura vanidad! ¡Nada más que vanidad! ¿Qué provecho saca el hombre de todo el esfuerzo que realiza bajo el sol?» (Ecl 1,3).

Concédeme no buscar ni poseer más tesoro que tu amistad, que aprenda a dejar pasar lo que pasa y detenerme sólo en lo que es eterno.

3 DE JUNIO — PIEDRA DE RÍO

Espíritu Santo, la piedra de río expuesta al paso continuo del agua primero está deforme y llena de aristas, pero al cabo de muchos años adopta formas suaves y armónicas. Así mi alma expuesta al paso de tu gracia. ¡Cuántos dones derramados! Sacramentos, consejos, inspiraciones, sufrimientos, testimonios, experiencias, golpes de la vida... De múltiples maneras y con una paciencia infinita me has venido modelando, como el agua a la piedra de río.

4 DE JUNIO — PROBLEMAS

Espíritu Santo, en la historia de la salvación me has enseñado que hay que mirar los problemas como desafíos para mejorar y crecer. Las ruinas las ves tú como cimientos de un edificio más fuerte. Las cenizas como abono, los fracasos como lecciones, las noches oscuras como oportunidad de purificación. Quisiera verme como tú me miras, no permitas que permanezca esclavo de la culpa, ni que el juicio de los hombres me deje sepultado en la oscuridad de la miseria. Ahora que los golpes me han hecho más humilde, y que he gustado el valor de la pobreza evangélica, pongo mi confianza solo en ti. Tú eres mi fuerza y mi escudo (cf. Sal 28). Mi corazón está firme en ti, Señor (cf. Sal 108). En tus brazos me siento seguro.

5 DE JUNIO — CUANDO LEO LA BIBLIA

Espíritu Santo, cada vez que medito la Sagrada Escritura me gusta invocarte; más aún, siento la necesidad de acudir a ti. Jesús dijo que tú nos darías a conocer todo lo que Él nos había dicho (cf. Jn 14, 26). Perdería el tiempo tratando de escuchar su Palabra sin que tú estés presente. Si algún día lo doy por supuesto y no te invoco explícitamente, quiero decirte de antemano que quiero que estés conmigo. De lo contrario mis oídos quedarían sordos a tu Palabra.

6 DE JUNIO — CREO EN EL ESPÍRITU SANTO

Creo en ti, Espíritu Santo, te adoro y te glorifico juntamente con el Padre y el Hijo. Tú hablaste por medio de los profetas, nos fuiste enviado por Cristo después de su resurrección y ascensión al Padre. Te suplico que ilumines, vivifiques, protejas y rijas a la Iglesia. Penetra lo más íntimo de mi alma, santifícame, purifícame, y al final de mi vida introdúceme en la casa del Padre.

7 DE JUNIO — POZO

Espíritu Santo, a veces te experimento como una brisa suave, a veces como un viento impetuoso, otras veces como el rayo de luz o como la lluvia que empapa la tierra.

Hoy te veo como un pozo profundo y generoso de donde he sacado agua fresca, tanta agua fresca a lo largo de mi vida. Puedo acercarme a tu pozo cuantas veces quiera y siempre encuentro una fuente de agua gratuita y cristalina que procede del seno del Padre y que desborda a través del costado traspasado de Jesús. Agua que riega el jardín de mi alma y lo embellece, que sacia mi sed interior, sana mis heridas, limpia mis pecados, y me da fuerza para seguir corriendo hacia la meta.

También mis compañeros de camino se acercan a beber. Lo más bello y misterioso de todo es que el pozo lo llevo en mi propio corazón.

8 DE JUNIO — ESPOSAS Y MADRES

Espíritu Santo, gracias por las mujeres consagradas, esposas de Cristo, madres de las almas, especialmente de los sacerdotes. Tu Amor es particularmente transparente en su mirada. Es tanto lo que han hecho por la Iglesia con la entrega de sus vidas, que estoy seguro no les negarás lo que ahora te pido para ellas: permíteles penetrar el costado traspasado de Jesús, llegar a su Sagrado Corazón, que se estén allí todo lo que quieran en fecunda contemplación, simplemente amando a su Amado.

9 DE JUNIO — ENOJADO CON DIOS

Pilato juzgó a Jesús: el hombre juzga a Dios y lo condena. Es terrible, qué manera de tergiversar los roles. Tú que eres el Abogado (cf. Jn 15, 26), sal en su defensa, ponnos un alto a los hombres cada vez que pretendamos juzgar a Dios y culparlo. Al menos por lo que a mí toca, te suplico, Espíritu Santo, que me ilumines para ver con claridad, para no culpar jamás al que es todo bondad, para que no me permita decir: «estoy enojado con Dios», que equivale a declararle culpable. Si Él permite cosas que me afectan y que no comprendo, dame la humildad de decirle que, aunque no entiendo, confío en Él.

10 DE JUNIO — HUMILLACIÓN

Debe de haber algo de fecundo y provechoso en la humillación dado que Jesús vino a la tierra a buscarla. Nosotros no podemos entenderlo, más aún, es incomprensible. Espíritu Santo, quiero pedirte que, aunque no lo entienda y aunque repugne a mi naturaleza, sepa aprovechar las ocasiones que la vida me ofrece de asemejarme al Cristo humillado.

Líbrame del temor de ser humillado, del temor de ser despreciado, del temor de ser olvidado, del temor de ser calumniado, del temor de ser puesto en ridículo, del temor de ser injuriado, del deseo de ser alabado, del deseo de ser aplaudido, del deseo de ser preferido.

11 DE JUNIO — SALVACIÓN

Espíritu Santo, tú quieres la salvación de todos los hombres en Cristo (cf. 1 Tim 2, 3) pero hay muchos que no lo conocen. Ten misericordia de todos los seres humanos, de los que hemos recibido la buena nueva y de los que no. Ten misericordia de quienes creen poseer la plenitud de la verdad fuera de Cristo. Ten misericordia de los que han salido del camino. Ten misericordia de quienes se quedaron indiferentes cuando escucharon hablar de Jesucristo. Ten misericordia de todos. No dejes de tocar a nuestra puerta, nunca dejes de insistir, hasta que toda la humanidad adore al único Dios verdadero y a su Enviado, Jesucristo.

12 DE JUNIO — RÍO FECUNDO

Espíritu Santo, eres como río impetuoso y respetuoso a la vez; te abres camino hasta llegar a mí para traer a mi alma la presencia de Dios vivo y fecundar mi existencia. Desde mi bautismo llevo dentro una fuente de agua que brota para vida eterna (cf. Jn 4, 14): ese eres Tú. Aquí siento tu presencia, tan a fondo y tan a flor de piel... ¡Qué misterio! ¡Qué vida tan dichosa!

13 DE JUNIO — TODOS

(Fiesta de San Antonio de Padua)

Como Cristo acogió a los ciegos para iluminarlos, a los cojos para hacerlos caminar, a los leprosos para limpiarlos, a los sordos para restituirles el oído, a los muertos para resucitarlos y a los pobres para evangelizarlos, así quiero acoger a todas las personas, sin preferencias ni excepciones.

Espíritu Santo, dame un corazón generoso, que mis palabras, mis obras, mis gestos y mis actitudes sean cauce de tu amor para todo aquel con quien me encuentre en el camino.

(Oración inspirada en un texto de San Antonio de Padua)

14 DE JUNIO — HOJAS MEDICINALES

Espíritu Santo, me sedujiste y me dejé seducir, me atrajiste al Corazón abierto de Cristo Redentor. Aquí quiero quedarme, a los pies de Cristo crucificado, bebiendo con alegría de su costado herido: el Río de Vida, la fuente de la salvación. Como un árbol plantado al borde de la acequia quiero permanecer siempre en tu amor, crecer sano y fuerte, y que mis hojas sean medicinales para mis hermanos[1].

15 DE JUNIO — GRACIAS POR...

Es recomendable interrumpir las actividades a media jornada para tener unos minutos de encuentro con Dios. Haz la prueba el día de hoy y dile algo así al Espíritu Santo antes o después de comer: Espíritu Santo, don en tus dones espléndido, hoy quiero darte las gracias una vez más, no terminaré nunca de darte gracias, siempre encuentro nuevos motivos. Realmente eres muy bueno y generoso conmigo. El día de hoy te doy gracias por...

16 DE JUNIO — AL DESPERTAR

Espíritu Santo, cada mañana inspírame alabanzas. Alabanzas por el don de la vida, de la salud, de la fe, de la familia, de la naturaleza, de la Eucaristía. Que lo primero que haga al despertar sea acordarme de ti. Cuando se abre un frasco de perfume de inmediato comparte su aroma, que así cuando al despertar abra los ojos, brote mi alabanza. Es hermoso comenzar el día pensando en ti y que la primera palabra que salga

---

[1] Cf. Jer 20, 7; Is 12,3; Sal 1, 3; Jn 15,9; Ap 22, 2.

de mi boca cada mañana sea para ti. Creo que es algo que te agrada y te lo quiero dar.

17 DE JUNIO — RENUÉVAME

Espíritu Santo, hoy me sacudiste de nuevo. Me hiciste ver que me he vuelto un cristiano mediocre, que he caído en la tibieza y que a Jesús los tibios le repugnan, los vomita de su boca (cf. Ap 3, 16). Quiero empezar de nuevo. Ven, Espíritu, ven. Renuévame. Lléname de aquel ardor que infundiste en mí el día de mi confirmación, de aquel fervor del día de mi primera comunión, no quiero perder el amor primero. Quiero ser sal que dé sabor, levadura que fermente, fuego que queme.

18 DE JUNIO — FORTALEZA

Espíritu Santo, dame el don de fortaleza para vivir en plenitud todas las exigencias del ideal evangélico. Que sepa ofrecer mi sangre gota a gota en la vida ordinaria, entregado al heroísmo de lo pequeño con el mismo amor de los mártires. Enséñame a mirar el dolor de frente, a soportar con paciencia y siempre con una sonrisa todos los sacrificios que me impone la vida. Tú sabes que soy débil y que el ambiente es agresivo; cada día experimento mi propia debilidad, especialmente en el campo espiritual y moral, cediendo a veces a los impulsos de las pasiones y a las presiones del mundo circundante. En mi lucha por ser un cristiano coherente, dame fortaleza para soportar las incomprensiones y los ataques y permanecer en el camino del bien y la verdad. Que, como San Pablo, también yo pueda decir: «Me complazco en mis flaquezas, en las injurias, en las necesidades, en las persecuciones y las angustias sufridas por Cristo; pues, cuando estoy débil, entonces es cuando soy fuerte» (2 Cor 12, 10).

19 DE JUNIO — COMULGAR

Espíritu Santo, al descender con todo tu poder sobre el pan y el vino a través del sacerdote, nos traes en cada misa el don de la Eucaristía. Cuando comulgo me das cuatro regalos: la oportunidad de tener una intensa unión con Cristo, vida del alma, aumentas el vigor de la vida de gracia en mi alma, reparas mis fuerzas a través del pan eucarístico, produces en mí un gran deleite espiritual.

Concédeme valorar siempre la oportunidad de participar en la misa y recibir la comunión. Que pueda hacerlo la mayor cantidad de veces antes de morir.

20 DE JUNIO — POLEN

Espíritu Santo, Tú eres el viento que transporta el polen a los corazones abiertos y los fecundas. Con razón recibo gracias y luces por todos lados: a través de conversaciones, mensajes y lecturas, por el testimonio de las personas y de no sé dónde más provienen, pero de la manera más imprevista llega tu soplo cargado de dones y fecundas mi mente y mi corazón. Sólo quiero darte las gracias y decirte que estaré atento para recibir lo que me traigas. Dame, Señor, un corazón que escucha (cf. 1 Re 3, 9).

21 DE JUNIO — YA TE VI

Hoy puedes hacer un ejercicio: descubrir la presencia del Espíritu Santo en tu vida ordinaria y decirle: Ya te vi. Ya te vi en la naturaleza (brisa, agua, fuego, luz, colores, belleza...) Ya te vi en las virtudes del prójimo (caridad, misericordia, humildad...) Ya te vi en mis actitudes y sentimientos (compasión, alabanza, pobreza, ardor...) Mantente vigilante durante el día de hoy, descubre su presencia cercana y dile: Ya te vi en:...

22 DE JUNIO — TRANSPARENCIA DEL ESPÍRITU SANTO

Si mi cuerpo fuera de cristal... ¿Me escondería de vergüenza o sería radiante como Moisés? Lléname de tu gracia, Espíritu Santo, dame un alma pura como la de María. Vacíame de todos los vicios, hazme anti-pecado. Por más que reconozco mi debilidad y miseria, quiero ser como de cristal: transparencia de tu presencia en la tierra, sencillo como paloma, bondadoso como cordero, luminoso como el fuego, todo amor y misericordia.

23 DE JUNIO — ESTOY CANSADO

Espíritu Santo, estoy cansado y desgastado por el trabajo. Vengo contigo porque sé que siempre estás dispuesto a ofrecerme un hombro donde recargarme; en ti encuentro la fortaleza para seguir luchando. Tú que diste fuerza a Jesús en la subida al Calvario, Tú que diste fuerza a María al pie de la cruz, Tú que das fuerza a todos los padres y madres de familia que se entregan día a día por el bienestar de sus hijos, te lo suplico: dame fortaleza. Aunque esté cansado, quiero seguir sirviendo con corazón magnánimo sin que nadie lo note, por amor a ti y a mis hermanos.

24 DE JUNIO — VENTANA

(Solemnidad del nacimiento de Juan Bautista)

No soy paisaje, soy ventana. Espíritu Santo, quiero darte las gracias por la inspiración de la ventana. No debo ocuparme de que las personas se fijen en mí, en mis logros, mis cualidades, mis méritos… Se me han ido muchas energías buscando aceptación y reconocimiento. Soy ventana: que los demás puedan verte a ti a través de mí, y que yo permanezca invisible. Como dijo Juan Bautista: «Conviene que Él crezca y yo disminuya» (Jn 3, 30). Que mis palabras, mis obras de misericordia, mis horas de servicio, sirvan para que las personas te amen más a ti, aunque yo pase desapercibido. Que cuanto más se acerquen a mí, más disfruten del paisaje, más te conozcan a ti y se queden contigo.

25 DE JUNIO — SINERGIA

Espíritu Santo, cada vez que visito un santuario mariano me sorprendo de la extraordinaria sinergia que haces con la Virgen María. Voy a la Villa de Guadalupe y todo está impregnado de tu unción: la tilma de Juan Diego, las personas, todo transpira confianza.

María es transparencia desbordante de tus dones. Cuando cubriste a María con tu sombra, recibimos al Verbo Encarnado. Hoy, cuando visitamos un santuario mariano, salimos llenos de paz, muestra clara de que Jesús ha entrado a nuestros corazones.

26 DE JUNIO — CARICIA

Espíritu Santo, tu presencia dentro de mí la siento como una caricia, una caricia suave y delicada. Eres todo bondad, ternura, suavidad, servicio, consuelo, comprensión. Eres el rostro femenino de Dios. Cuando estás, me llenas de amor y de paz. Cuando no estás, me siento huérfano. Te lo suplico: quédate siempre conmigo.

27 DE JUNIO — MAESTRO

Quiero aprender a orar. Espíritu Santo: Maestro, enséñame a orar. Aquí tienes a tu discípulo con hambre y sed de Dios. Me parece que mi oración es tan pobre que no sé si le agrada al Señor. Tú hazla agradable, tú pon lo que yo no sé poner. Como el maestro de música que compone y toca con o a pesar del discípulo, haciéndole sentir que es él quien está tocando, así Tú conmigo.

28 DE JUNIO — AGUA

(Fiesta de San Ireneo)

Espíritu Santo, del mismo modo que el trigo seco no puede convertirse en una masa compacta y en un solo pan, si antes no es humedecido, así también nosotros, que somos muchos, no podíamos convertirnos en una sola cosa en Cristo Jesús, sin esta agua que baja del cielo. Y, así como la tierra árida no da fruto, si no recibe el agua, así también nosotros, que éramos antes como un leño árido, nunca hubiéramos dado el fruto de la vida, sin esta gratuita lluvia de lo alto. Nuestros cuerpos recibieron por el baño bautismal la unidad destinada a la incorrupción, pero nuestras almas la recibieron por Ti.

(Oración inspirada en un texto de San Ireneo)

29 DE JUNIO — NUEVA EVANGELIZACIÓN

(Solemnidad de San Pedro y San Pablo apóstoles)

Espíritu Santo, el día de Pentecostés te posaste sobre los discípulos de Jesús y los llenaste de valor y audacia misionera. De una comunidad de hombres abatidos, llenos de miedo, confusión y pesimismo, resultó una fuerza arrolladora que dura hasta el día de hoy. De tan poquita cosa, de pobres pescadores de pueblo, sacaste la primera comunidad de evangelizadores, apóstoles de Jesucristo, predicadores, evangelistas, testigos, mártires, santos... Ven hoy sobre los hijos de tu Iglesia, estamos urgidos de un nuevo Pentecostés que despierte en todos nosotros el arrojo misionero que la Iglesia necesita. ¡Ven, Espíritu Santo, llena los corazones de tus fieles y enciende en ellos el fuego de tu amor!

30 DE JUNIO — INVOCACIÓN

Espíritu Santo, a través del apóstol Santiago nos enseñaste: «Si alguien está afligido que ore» (Sant

5,13). Pues aquí me tienes. Quiero exponerte algunas cosas que me preocupan. (Exponle al Espíritu Santo tus inquietudes y preocupaciones.)

Tú bien sabes cuánto me inquieta todo esto, confío en ti; sabes que yo solo no puedo, ven en mi auxilio; no sé bien qué hacer, ilumíname, guía mis pasos. Desciende sobre mí, derrámate en mí, «renuévame por dentro con espíritu firme, afiánzame con tu espíritu generoso» (Sal 51, 12.14) necesito una epíclesis prolongada sobre toda mi existencia. ¡Ven Espíritu Santo!

Julio

1 DE JULIO — SILENCIO

La oración de hoy se hace en silencio, solo silencio. El silencio es condición para la escucha. Vete a un lugar tranquilo, siéntate, cierra los ojos, relaja tu cuerpo, respira profundo, ubícate en el momento presente, deja pasar como agua de río todo aquello que se te venga a la mente. El silencio será la tierra fecunda que propicie el contacto directo con el Espíritu Santo. Escucha, solo escucha, escucha con atención la voz del Espíritu que habita en tu corazón profundo. El silencio que al inicio era aparentemente vacío, por la acción de la gracia se convertirá poco a poco en silencio sonoro.

2 DE JULIO — ESCLAVO

Espíritu Santo, a veces vivo como esclavo de mis estados emocionales. Quiero ser libre, con la libertad de quien vive a los ojos de Dios. Me entristece no contar con la aprobación de todos, que no todos me vean bien, no todos me quieran, no todos confíen en mí, no todos hablen bien de mí, no todos quieran estar conmigo. Me entristece no contar siempre con un hombro donde recargarme, un oído que me escuche, un corazón que me comprenda. Me entristece que no me den más tiempo aquellos a quienes más quiero. Me entristece pensar que no soy suficiente para ellos. Me entristece que otros tengan lo que yo no tengo o logren lo que yo no he podido lograr. Qué pena, pero así están las cosas. Líbrame de esta esclavitud. Quiero ser libre, profundamente libre.

3 DE JULIO — PRUEBAS

Espíritu Santo, estoy pasando pruebas muy duras. Sé que la única manera de afrontarlas es desde las virtudes teologales: fe, esperanza y caridad. Aumenta mi fe, fortalece mi esperanza, aviva mi caridad. Necesito una fe como la de Abraham, una confianza como la de Moisés, un amor como el de María.

4 DE JULIO — SECO

Estoy como el suelo seco, como tierra agrietada, sin agua. Mi corazón, todo él, un desierto. ¿Qué me pasa? Ven, Espíritu Santo, tú eres la brisa fresca de la mañana, el agua viva que baña mi vida. Ven, Espíritu Santo, tú eres el que da la vida (Jn 6, 63) ven pronto, te necesito ahora, más que nunca. Ven pronto, Señor.

5 DE JULIO — SALMOS

Los salmos: palabra de hombre y Palabra de Dios. Inspiraste al salmista para decirme: mira, así quiero que te dirijas a mí, así quiero que te desahogues conmigo, así quiero que alabes y bendigas al Padre, así quiero que supliques, así me gusta que cantes, así agradece, así ofrece, así ora. Gracias, Espíritu Santo, por darme en los Salmos una escuela de oración.

6 DE JULIO — RAYO DE LUZ

Espíritu Santo, eres como el rayo de luz que se abre paso, poderoso, incisivo, pero no puede llegar a todas partes, tiene sus límites. A medida que recorro las persianas de la soberbia, el egoísmo y la autosuficiencia, y te dejo entrar, iluminas mi mente y entonces puedo ver formas, colores y el Camino. Entonces, solo entonces, puedo tomar decisiones acertadas. Cuando estoy a oscuras tropiezo con facilidad, me entran miedos e inseguridades, pero cuando llega tu presencia luminosa me revelas la Verdad y me llenas de confianza. Ven, Espíritu Santo, luz eterna de la gloria del Padre.

7 DE JULIO — MANOS

Espíritu Santo, me gustan las Iglesias con el techo a dos aguas: me figuro dos grandes manos extendidas sobre el pueblo de Dios; como una gran epíclesis en que tú desciendes cuando estamos reunidos en oración. Gracias por las manos ungidas de los sacerdotes que, como Jesús, se las imponen a los enfermos (cf. Mc 6, 5; 8, 23), a los que imploran sanación, a los penitentes, a todo aquel que necesita bendición.

8 DE JULIO — TODO

Espíritu Santo, quiero pedirte que ocupes todo mi cuerpo y toda mi existencia. Ocupa mi mente, mis ojos, mis oídos, mi lengua, mis manos, mis pies, mi corazón. Ocupa mis sentimientos, mis reacciones, mi memoria, mi imaginación, mis pensamientos, mis afectos. Ocupa mi tiempo de trabajo, de descanso, de comida, de traslados, de ejercicio, de ocio, de oración. Llena toda mi persona de tu santa unción.

9 DE JULIO — UN BESO

Espíritu Santo, te pido por los sacerdotes, dales la gracia de ser fieles hasta el final. Judas, uno de los doce, traicionó a Jesús con un beso, y eso le supuso a Nuestro Señor un sufrimiento indecible: «Si mi enemigo me injuriase, lo aguantaría; si mi adversario se alzase contra mí, me escondería de él; pero eres tú, mi compañero, mi amigo y confidente, a quien me unía una dulce intimidad» (Sal 54, 13-14). Todos los días los sacerdotes te besan cuando besan el altar al comenzar y al terminar la misa. Que al besarte lo hagan con el mayor fervor de que sean capaces, como un gesto que refleje la pureza de su vida sacerdotal, la delicadeza con que te ofrecen la totalidad de su corazón consagrado, la radicalidad de un promesa de fidelidad hasta la muerte. Y que la honestidad y la pureza de sus besos sacerdotales sirvan de consuelo y reparación a tu Corazón ultrajado.

10 DE JULIO — CONSEJO

Espíritu Santo, quiero orientar mi vida según tus designios, pero «los pensamientos de los mortales son tímidos e inseguras nuestras ideas» (Sb 9, 14): te suplico me concedas el don de consejo, con el cual enriqueces y perfeccionas la virtud de la prudencia y guías mi alma desde dentro. Sopla de nuevo, ilumina mi conciencia en las opciones morales de la vida cotidiana, indícame lo que es lícito, lo que más conviene a mi alma. Dame «ojos sanos» (Mt 6,22) que me permitan ver con tu mirada y optar por todo aquello que me lleva a ti. Hazme dócil a tus representantes legítimos, cualesquiera que sean sus talentos o sus defectos. Que sepa dirigir con prudencia, delicadeza, respeto y acierto a las personas que dependen de mí y a las que se acercan en busca de luz.

11 DE JULIO —
PRIVACIONES VOLUNTARIAS

Los santos nos enseñan que en el camino de conversión y purificación, es provechoso el ayuno, las privaciones voluntarias; es fuente de bienestar espiritual, como el ejercicio para el atleta: ayuda a estar en buena forma. Tu oración de hoy puede ser una ofrenda al Espíritu Santo, practica el ayuno: ayuno de palabras, de redes sociales, de televisión... Elije alguna privación que quieras imponerte voluntariamente y ofrécela con amor al Espíritu Santo.

12 DE JULIO — ROTO

Espíritu Santo Consolador: Estoy roto. Mis ojos no dejan de llorar. Ya no sé ni a dónde ni a quién voltear. Mis lágrimas son mi única oración. No tengo otra cosa que ofrecerte ni nada más que decirte. Acéptalas como una pobre ofrenda, como una tímida súplica: sáname, Señor.

13 DE JULIO — UN VELO

Espíritu Santo, en el monte Sinaí una nube cubrió la montaña durante seis días, mientras tú descendías en forma de fuego. La nube evidencia tu misterio, tu trascendencia. Dejas ver tu gloria entre nubes. Te me revelas, pero no por completo. La nube es como un velo que protege tu gloria. A la vez accesible e impenetrable. Así es tu misterio. ¡Quiero ver tu rostro! ¡Muéstrame tu rostro, Señor! Debo aprender a vivir de fe, a verte con el velo del misterio.

14 DE JULIO — MIS OJOS

Puesto que «mis ojos son palomas» (cf. Cant 1, 15), te suplico me concedas ver como Tú ves, amar como tú amas, amar con el amor con que tú amas, o mejor, que tú ames en mí. Que hoy pueda ver lo que ordinariamente no veo, que hoy no pase de largo ante el hermano necesitado, que hoy logre intuir cuando alguien necesita una palabra de aliento, que hoy perciba el sufrimiento ajeno y salga a su encuentro, que hoy sea un hombre abierto y aprenda a mirar con una mirada de amor.

15 DE JULIO — INICIATIVAS

A veces nos vienen nuevas ideas, grandes o pequeños proyectos para la extensión del Reino de Cristo. Cuando son ideas de santos les dicen obedientes al Espíritu, cuando son del común de los mortales nos dicen que somos cabezones.

Espíritu Santo, a la hora de las iniciativas no es fácil distinguir entre obstinación personal e insistencia tuya. Yo creo que la mayoría de las veces se mezclan las dos cosas. Es preciso discernir en la oración y con la ayuda de gente santa y sabia. Te suplico, Espíritu Santo, que cuando quieras confiarme algún proyecto para el bien de la sociedad y de la Iglesia, me ayudes a ver que viene de ti y luego a obedecerte. Que cuando se trate de hacer Tu voluntad, nada me detenga.

16 DE JULIO — ALZANDO VELAS

Espíritu Santo, en esta travesía mar adentro que es la vida me esfuerzo tanto; me canso de tanto remar y es tan poco lo que avanzo… Al paso de los años, de manera inesperada, advierto progreso. Como el viento, invisible, que sopla donde quiere, te haces presente. A mí me basta alzar las velas mientras empujas con fuerza mi pobre barca. Cuando al cabo de mucho tiempo veo el progreso, no me explico cómo sucedió, pero reconozco siempre los rasgos del Autor.

17 DE JULIO — CONCHA

Espíritu Santo, me hiciste concha capaz de recibir, conservar y gustar tu Palabra, no piedra incapaz de retener el agua. Enséñame a ir despacio para captar tus dones, valorarlos, saborearlos, disfrutarlos, agradecerlos; que sea una persona de corazón profundo.

18 DE JULIO — PANTANO

En el pantano cuanto más te agitas, más te hundes. Esta ciudad es como un pantano. ¡Qué acelere, Dios mío! Pero la culpa no la tiene el pantano, la solución para no hundirme está en mí. Por más que todos se agiten buscaré la calma, con mi actitud y tu gracia alcanzaré la paz que tanto deseo.

Extiende tu brazo, Espíritu Santo, no permitas que me hunda, dame la gracia del recogimiento, el silencio interior, la paz profunda. Que yo ponga oración y vida sacramental, tú el don de la paz interior.

19 DE JULIO — VERDE

Espíritu Santo, el mundo está vestido de verde. Tú lo vistes: Eterna Primavera. Cristo se ha ido al Padre y tú te quedaste con nosotros. Por eso en la misa toca verde de ordinario. Es el tiempo del Espíritu. Es el tiempo de la Eterna Primavera. Contigo todo es vida, frescura, novedad, belleza.

20 DE JULIO — HUMILDAD

Espíritu Santo, hoy dame la humildad para pedir perdón. Tú sabes que no toda la culpa es mía, pero algo de culpa tengo. Lo que quiero es que prevalezca el amor y por ello te pido me des la fuerza para salir a su encuentro y pedirle perdón. Me asaltan mil motivos para justificarme y no hacerlo, pero quiero que triunfe el amor y con tal de lograrlo estoy dispuesto a ceder. En tu nombre saldré a su encuentro y echaré las redes del perdón (cf. Lc 5, 5).

21 DE JULIO — AGUA VIVA

Espíritu Santo, hoy vengo a pedirte una familia unida. Tú eres el Agua viva que amasa la harina dispersa, suaviza tensiones, lima asperezas, vivifica las ramas muertas. Tú que has aglutinado a toda la familia de Dios en el Cuerpo Místico de Cristo, vuelve hoy tu mirada a mi casa y danos el don de la unidad.

22 DE JULIO — LLÉVAME

Espíritu Santo, María Magdalena se había acostumbrado a tener a Jesús cerca. Primero estaba lejos, muy lejos en una vida de pecado. El Señor la miró con compasión cuando todos la acusaban, la perdonó, la sacó de su infierno en vida y la conservó bajo sus alas como una gallina protege a sus polluelos (cf. Lc 13, 34), entre sus más íntimos amigos. Muerto Jesús, no puede vivir sin Él. Tú la condujiste al sepulcro para ungir el cuerpo del Maestro (cf. Lc 24, 1). Allí se le apareció el Señor Resucitado y la llamó por su nombre. La noche oscura de su alma se disipó de inmediato. La tristeza se tornó en gozo, el vacío en plenitud, la oscuridad en luz. Cuando el Señor se me esconda, no permitas que pierda la fe, enardece mi amor, llévame a Él, llévame pronto a donde pueda escuchar que me llama por mi nombre.

23 DE JULIO — ADAPTACIÓN

Espíritu Santo, siempre actúas a través de otros, de cultos e incultos, de necios y sensatos, de virtuosos y otros menos virtuosos, de pacientes e impacientes, de contemplativos y activos, de apasionados y de personas tranquilas. Cada uno con su personalidad y su carácter, cada uno a su ritmo y a su manera. Me enseñas tanto con tu capacidad de adaptación. Debo aprender a aceptar y a querer a las personas como son, sin pretender imponerles mi estilo propio ni que se ajusten a mi medida.

24 DE JULIO – FUEGO

Cristo dijo: «he venido a traer fuego sobre la tierra y ¡cuánto desearía que ya estuviese encendido!» (Lc 12, 49) Vino a traer el fuego de tu amor, a compartir con la humanidad el amor con que se aman las tres Divinas Personas, para que todos nos viéramos transformados en hombres nuevos, con la novedad de la vida en el Espíritu. Tú, Espíritu Santo, eres fuego, transformas lo que tocas. Como sucedió con los discípulos en la mañana de Pentecostés (cf. Act 2, 3-4), deseo ardientemente que me alcance el fuego de tu amor, que llegue a mi casa, a mi ambiente laboral y social. Que todos nos veamos transformados por la ley y la fuerza del amor.

25 DE JULIO – HOMBROS

Espíritu Santo, cada vez que hago la señal de la cruz, pongo mi mano en los hombros mientras te invoco. Lo que quiero decirte es que me abraces, que me cubras y me protejas del mal, que me vistas con el manto del peregrino y me lleves a Cristo, único Camino para volver al Padre.

26 DE JULIO — FUERTE

Espíritu Santo, veo que tarde o temprano todos pasan por duras pruebas en la vida. Pruebas en la salud, en la estabilidad económica, en el matrimonio, en la unidad familiar, en la traición de los amigos, en la muerte de seres queridos, en la fe, en las asechanzas y tentaciones del demonio... Necesito estar preparado para no doblarme, para que la prueba me haga crecer y salir más fuerte que antes. Quiero la fortaleza de María en la pasión de Cristo, la fortaleza de los apóstoles en la persecución, la fortaleza de los mártires ante la espada. Espíritu Santo, tú eres mi fortaleza, mi roca, mi escudo, mi refugio, mi fuerza salvadora (cf. Sal 17). Confío en la fuerza de tu poder. Que tu fuerza se manifieste en mi debilidad; (cf. 2 Co 12, 9) «cuando soy débil, entonces soy fuerte» (2 Co 12, 10) «Todo lo puedo en Aquél que me conforta» (Flp 4,13).

27 DE JULIO — TU ROSTRO

Espíritu Santo, tantas veces quiero verte y no puedo. Muéstrame tu rostro, te suplico. No te veo, pero me siento en tus brazos, como un niño abrazado por su madre que no ve su rostro, pero siente su presencia que lo envuelve por todas partes y lo protege. Si me piden que demuestre que estás allí y que me escuchas no sé hacerlo. Es difícil de explicar la comunión de amor. No sé explicarlo, no puedo demostrarlo, pero tengo la certeza de que estás aquí, y hoy quiero bendecirte de nuevo.

28 DE JULIO — ME SÉ ACEPTADO

Espíritu Santo, el temor de no ser aceptado me produce una inseguridad inmensa, me paraliza. En el fondo sé que tengo que aceptar que soy vulnerable, que no soy perfecto, que estoy expuesto a fallar, que no puedo contentar y satisfacer a todos. Esa es la humildad que me pides, la de aceptar mi fragilidad, mi verdad. Cuando veo lo que Jesús hizo con Pedro, que le confirmó su confianza aún después de la traición, me conforta y me da inmensa confianza. Gracias, Espíritu de Amor, en ti me siento seguro, me sé aceptado y amado tal cual soy, sin condiciones, como un bebé en brazos de su madre.

29 DE JULIO — HOSPEDAR

(Fiesta de Santa Marta)

Espíritu Santo, hoy quiero aprender de Santa Marta. Ella tuvo la gracia de hospedar muchas veces a Jesús. En su casita de Betania, Jesús se sentía a gusto. Marta le acomodaba su habitación, le preparaba y le servía los alimentos, lavaba su ropa, ponía todos los medios para que Jesús descansara, se sintiera a gusto, muy amado. Que también yo sea así en mi casa. Que no me canse de servir y de hacer felices a los demás. Ya tendré mis vacaciones en el cielo.

30 DE JULIO — CRISTIANO

Espíritu Santo, tu propósito es llevarme al encuentro con Cristo y así hacerme «pasar de las tinieblas a la luz» (1 Pe 2, 9), «volver a nacer» (Jn 3, 4), convertirme en una «criatura nueva» (2 Co 5,17). Si te acojo, todo queda transformado: mi relación con las personas, con las cosas, conmigo mismo. Cambia el significado del tiempo, la valoración de las cosas, el trato con los demás, porque con tu presencia en mi alma ha cambiado el significado mismo de la vida. Por eso quieres llevarme al encuentro con Cristo, para hacerme hijo de Dios (Cf. 1 Jn 3,1), darme un nuevo significado de lo que es nacer o envejecer, amar, casarse y tener hijos, trabajar, sufrir, tener amigos, enfermar y morir. Eso es el cristianismo: que a uno le suceda esto en su vida. Ven Espíritu Santo, quiero acogerte en mi corazón, concédeme ver con mis ojos, oír con mis oídos y tocar con mis manos a Cristo, Verbo encarnado. Permíteme encontrar el Amor sin límites (Cf. Orationis Formas, Int.).

31 DE JULIO — ALMA DE CRISTO

(Fiesta de San Ignacio de Loyola)

Espíritu Santo, hoy quiero pedirte que me concedas rezar con devoción esta oración de San Ignacio, pues «nadie puede decir "Jesús es Señor" sino con el Espíritu Santo.» (1 Co 12, 3).

Alma de Cristo, santifícame. Cuerpo de Cristo, sálvame. Sangre de Cristo, embriágame. Agua del costado de Cristo, lávame. Pasión de Cristo, confórtame. ¡Oh, buen Jesús!, óyeme. Dentro de tus llagas, escóndeme. No permitas que me aparte de Ti. Del maligno enemigo, defiéndeme. En la hora de mi muerte, llámame. Y mándame ir a Ti. Para que con tus santos te alabe. Por los siglos de los siglos. Amén.

(Oración de San Ignacio de Loyola)

AGOSTO

1 DE AGOSTO — MANO EN EL PECHO

Recuerda un regalo muy especial que hayas recibido de Dios, alguna gracia o inspiración que te concedió el Espíritu Santo. Mantente en silencio. Pon tu mano derecha en tu pecho, cierra los ojos y atesora ese don del amor de Dios en tu corazón. Con este sencillo gesto, sin necesidad de palabras, dile al Espíritu Santo cuánto valoras el amor con que te ha tratado al haberte dado ese regalo y a lo largo de toda tu vida. En adelante, siempre que lo sientas particularmente cercano, haz esto mismo para darle las gracias y decirle cuánto quisieras retenerle.

2 DE AGOSTO — BARNIZ

A veces siento que mi vida es solo barniz de cristianismo. Quiero ser todo tuyo, no apariencia, máscara o fachada. Quiero ser tu pertenencia, depositario de tu gracia, templo tuyo. Lléname, Espíritu Santo y vacíame de todo lo que no seas Tú. Mi cuerpo: tuyo. Mis facultades: tuyas. Mis talentos: tuyos. Mi tiempo: tuyo. Mis obras: tuyas. Todo mi ser: tuyo. Quiero ser todo tuyo: para la gloria del Padre y la extensión del Reino de Cristo.

3 DE AGOSTO — MIEDO

Espíritu Santo, tengo miedo, tengo miedo a... Me apena experimentar esta inseguridad cuando tú siempre has sido fiel conmigo, pero prefiero decírtelo así de claro: tengo miedo. Me postro ante ti para confirmarte que confío en ti y pedirte que me des fuerza. Si estás conmigo ningún mal temeré (cf. Sal 23). Tu presencia me da seguridad. Estoy en paz. Seguiré mi camino tomado de tu mano y con la certeza de que cuento contigo y que tú te harás cargo de todo.

4 DE AGOSTO — SACERDOTES

Espíritu Santo, te pido por el sacerdote que me bautizó, por el que me dio la primera comunión, por los que me han confesado, por el que me casó, por el que nos celebra la misa, por el que va a estar a mi lado en el lecho de muerte, por el que va a celebrar mi funeral.

¡Gracias por todos ellos! Que sean santos sacerdotes.

5 DE AGOSTO — ACOMPAÑAR

Espíritu Santo, como llevaste a Jesucristo al desierto para orar cuarenta días y cuarenta noches (Mt 4, 2), así me has arrastrado a mí tantas veces a estar con Él en el Sagrario. Me haces ver que a Él le gusta tenerme a su lado. Pasa tantas horas solo...

Gracias, Espíritu de Amor, por hacer que estemos juntos. Yo soy el primer beneficiado. Siempre salgo de allí en paz y con el gusto de haber acompañado a Jesús que estaba solo en el Sagrario.

6 DE AGOSTO — TRANSFIGURACIÓN

(Fiesta de la Transfiguración)

Espíritu Santo, cuando Jesús subió a lo alto de una montaña para orar, el aspecto de su rostro cambió, sus vestidos brillaban de blanco (cf. Lc 9, 29). Jesús resplandece desde dentro, no cambió, se dejó ver en todo su esplendor. ¡Qué bien se está aquí!, dijo Pedro, y quería instalar tres chozas para Jesús, para Moisés y para Elías. Concédeme tomarle gusto a la oración, y en ella revélame el rostro de Jesús; quiero conocerlo de primera mano, con ese conocimiento que no viene de los libros sino del trato personal y de la revelación interior que sólo tú puedes conceder. Dame la generosidad para subir todos los días al monte de la oración, con la seguridad de que si me reservo a diario un tiempo de calidad para orar, seré amigo de Dios como Moisés y terminaré como él con el rostro radiante después de haber hablado con el Señor en el monte Sinaí (cf. Ex 34, 29); seré para los demás: transparencia de la presencia de Dios en mi alma.

7 DE AGOSTO — CÁNTARO

Espíritu Santo, quiero ser tu cántaro para que des de beber al mayor número de personas posible. Yo no soy el Agua, como no soy la Palabra. Yo soy solo el cántaro que contiene y reparte el Agua, que eres tú; como soy la voz que transmite la Palabra que es Jesús. Como cántaro, dame capacidad de acogida y capacidad de entrega. Quiero llenarme de tu Amor y dar Amor a todos. Que vaya por el mundo como un cántaro desbordante de fe, esperanza y caridad.

8 DE AGOSTO — FELIZ

Espíritu Santo, tantas veces he venido a quejarme contigo, hoy vengo a decirte que estoy feliz. Aun cuando son tantas mis miserias, y aun cuando no todo va bien en mi vida, sí hay muchas cosas buenas. Soy una persona muy bendecida: tengo vida, hogar, salud, fe, Eucaristía. Te tengo a ti, mi Amigo fiel. Y eso me hace profundamente feliz.

9 DE AGOSTO — CRUZ

(Fiesta de Santa Benedicta de la Cruz)

Contemplo al Señor que cuelga del madero, porque ha sido obediente hasta la muerte de Cruz. Él vino al mundo no para hacer su voluntad, sino la del Padre. Frente a mí el Redentor pende de la Cruz, despojado y desnudo, porque ha escogido la pobreza. Del Corazón abierto brota la sangre del Redentor, sangre capaz de extinguir las mismas llamas del infierno. Él ha vertido la sangre de su corazón con el fin de ganar el mío.

La cruz es el camino que conduce de la tierra al cielo. Si estamos unidos al Señor, entonces somos miembros del Cuerpo Místico de Cristo. Todo sufrimiento llevado en unión con el Señor es un sufrimiento que da fruto porque forma parte de la gran obra de redención. Hay una vocación a sufrir con Cristo y, por lo tanto, a colaborar en su obra de redención. El Crucificado clava en mí los ojos, me interroga, me interpela.

Espíritu Santo, dame a conocer la ciencia de la Cruz, dame la generosidad para subir a la Cruz con mi Señor. Que no la rechace, sino que abrazándola con fe, amor y esperanza me sienta transportado a lo alto, hasta el seno de la Trinidad. ¡Salve, Cruz, única esperanza!

(Oración inspirada en textos de Santa Benedicta de la Cruz)

10 DE AGOSTO —
HAS SABIDO ESPERARME

Espíritu Santo, gracias por la paciencia que has tenido conmigo. Has sabido esperarme tanto tiempo, sin jamás forzarme ni atropellarme. Finalmente estoy donde tú me querías y ¡qué bien me encuentro! Gracias por el gran respeto con que me has tratado. Gracias también por no haber dejado de exigirme y llamarme la atención cuando era necesario. Tu pedagogía conmigo ha sido magistral.

11 DE AGOSTO — POBREZA

(Fiesta de Santa Clara)

Espíritu Santo, puesto que no es posible ambicionar gloria en este mundo y reinar después con Cristo, dame el valor de desprenderme de las cosas temporales, dejar pasar lo que pasa y detenerme sólo en lo que es eterno. Elijo entrar en el reino de los cielos por el camino estrecho y la puerta angosta: abandonar lo temporal por lo eterno, ganar lo celestial por lo terreno, recibir el ciento por uno y asegurar por toda la eternidad la vida bienaventurada. Quiero vivir en la perfección a la que tú me has llamado, que no se me pegue el polvo del camino, y si alguien intenta desviarme de este propósito o ponerme tropiezos para que no me abrace a Cristo pobre, que nunca pierda de vista lo que me he propuesto y llegue al final de mi vida con una única pertenencia: mi crucifijo.

(Oración inspirada en un texto de Santa Clara)

12 DE AGOSTO — REINO

Espíritu Santo, fuego del Corazón de Jesús, el ideal de extender el Reino de Cristo me enardece el corazón. Ha sido tan bella mi experiencia de tu amor, que siento la necesidad de compartirla, como el fuego que forma un incendio. Ayúdame a hacerlo con acierto, sobre todo con mucha humildad y sencillez. Que tenga el valor de dar testimonio como la mujer samaritana, que sienta la urgencia como los discípulos de Emaús, que nada me detenga como nadie detuvo a San Pablo. Los talentos que me has dado (cf. Mt 25, 14-30) quiero invertirlos de tal manera que a tu regreso pueda presentarte el mejor rendimiento.

13 DE AGOSTO — MI BUEN SAMARITANO

Espíritu Santo, tú eres mi buen samaritano. Lo pienso cada vez que leo la historia que Jesús contó del hombre que fue asaltado cuando iba de camino de Jerusalén a Jericó; lo despojaron, le dieron una paliza y lo dejaron medio muerto. Aquel hombre estaba necesitado de ayuda. Dos personas, al verle, dieron un rodeo. Un samaritano que pasó también por allí, tuvo compasión, se acercó, vendó sus heridas, lo ungió con aceite y vino, le montó sobre su cabalgadura, lo llevó a una posada y cuidó de él (cf. Lc 10, 30-37).

Eso es lo que tú has hecho tantas veces conmigo: al verme sufrir, te acercaste, me ungiste con ternura, me curaste con los Sacramentos de la eucaristía y la reconciliación, y me cuidaste con la sobreabundancia de tu misericordia. Gracias, mi buen samaritano.

14 DE AGOSTO — COMO EL RÍO

El río va siempre camino al océano, por más vueltas que dé y por más tropiezos que encuentre, termina en el mar. Que lo mismo suceda conmigo, Espíritu Santo, si me equivoco, si pongo resistencia a tu acción en mí, tenme paciencia, sígueme llevando poco a poco, por caminos rectos o tortuosos, de prisa o más despacio, pero asegúrate de que al final de mi vida llegue a la casa del Padre.

15 DE AGOSTO — ACÉRCAME A MARÍA

(La Asunción de la Virgen María)

Espíritu Santo, Tú que hiciste tan bella amistad con la Virgen María, acércame a Ella. Le debo tanto, la necesito tanto. Ella, la mujer más humilde del mundo, es la más bella y la más fecunda porque supo acogerte de lleno. De esa admirable intimidad entre Tú y Ella resultó Jesús. Quiero que María me enseñe a dejarte formar el divino rostro de Jesús en mi existencia. Por eso te suplico, Espíritu Santo: acércame a María.

16 DE AGOSTO — CIENCIA

Espíritu Santo, dame el don de ciencia, gracias al cual me das a conocer el verdadero valor de las criaturas en su relación con el Creador. Bendíceme con el don de ciencia para valorar y disfrutar las cosas buenas y bellas que tú me has dado: los alimentos, los paisajes, los bosques, los animales, el mar y las estrellas… son medios para conocerte, dones para decirme lo mucho que me amas. Que el atractivo y la belleza de las cosas de este mundo no me lleve a caer en el error de absolutizarlas. Que no me deje seducir por el placer, el poder y las riquezas, que no me forme ídolos que quiten la atención y la primacía que sólo a ti corresponde; antes bien, que convierta en alabanza, acción de gracias y bendición el asombro que me inspira contemplar la creación. Enséñame a usar las criaturas en tanto en cuanto me lleven a amarte y a servirte mejor. Que nunca las convierta en fines y que sólo ponga mi confianza en ti, no en las cosas pasajeras. Que deje pasar lo que pasa y me detenga solo en lo que es eterno.

17 DE AGOSTO — TIENDA DEL ENCUENTRO

Cada mañana al comenzar mi oración enciendo una llama. Me ayuda mucho a hacer silencio y recogerme. Contemplo la llama, cierro los ojos, la llevo a mi interior y ya sin figuras recuerdo el fuego que arde en mi corazón desde mi bautismo, cuando tomaste morada en mí. La llama evoca tu presencia en mi corazón. Aquí habitas, soy tienda del encuentro, templo de la Trinidad. Gracias por estar tan cerca. Perdón por no haberte atendido tantas veces. Cuando la llama está serena me infunde paz y agradezco que me hayas dado una fe luminosa. Cuando titila recuerdo los momentos de debilidad, te doy las gracias por haberme rescatado y te suplico que me concedas la gracia de perseverar en la fe hasta el final. Lo que quiero hacer ahora que te siento tan cerca es simplemente gustar tu presencia. No decirte nada sino acordarme de ti, escucharte, contemplarte.

18 DE AGOSTO — BARRERAS

¡Qué difícil romper barreras! Tengo mis modos de ser, mi forma de hacer las cosas; son hábitos muy arraigados, me cuesta cambiar, no sé si puedo cambiar. Pero tú me sigues llamando, Espíritu Santo, a ser mejor. Tú sabes que lo he intentado y no me sale. Siento como si hubiera una barrera que me impide cambiar. Hoy me hiciste ver que tal vez no sea cosa de poder o no poder, sino de querer. Siendo honesto creo que allí está el problema, yo mismo he puesto la barrera, no quiero de verdad. Me he quedado en un «quisiera» pero no he tomado la determinación de poner todos los medios necesarios para seguir tus inspiraciones. Ayúdame.

19 DE AGOSTO — PRÓJIMO

El mártir Leónidas por la noche besaba el pecho de su hijo Orígenes diciendo: «Aquí habita el Espíritu Santo». Concédeme verte en las personas, y así respetarte y venerarte en ellas. Líbrame de miradas impuras o carentes de misericordia. Dame la gracia de verte y amarte en mi prójimo.

20 DE AGOSTO — AMO POR AMAR

(Fiesta de San Bernardo)

Espíritu Santo, en esta fiesta de San Bernardo quiero pedirte que me permitas comprender y gustar el texto que le inspiraste a él sobre el amor: «El amor basta por sí solo, satisface por sí solo y por causa de sí. Su mérito y su premio se identifican con él mismo. El amor no requiere otro motivo fuera de él mismo, ni tampoco ningún provecho; su fruto consiste en su misma práctica. Amo porque amo, amo por amar. Gran cosa es el amor, con tal de que recurra a su principio y origen, con tal de que vuelva siempre a su fuente y sea una continua emanación de la misma. Entre todas las mociones, sentimientos y afectos del alma, el amor es lo único con que la criatura puede corresponder a su Creador, aunque en un grado muy inferior, lo único con que puede restituirle algo semejante a lo que él le da. En efecto, cuando Dios ama, lo único que quiere es ser amado: si él ama, es para que nosotros lo amemos a él, sabiendo que el amor mismo hace felices a los que se aman entre sí. El amor del Esposo, mejor dicho, el Esposo que es amor, sólo quiere a cambio amor y fidelidad. No se resista, pues, la amada en corresponder a su amor. ¿Puede la esposa dejar de amar, tratándose además de la esposa del Amor en persona? ¿Puede no ser amado el que es el Amor por esencia?».

21 DE AGOSTO — CONSAGRADAS

Espíritu Santo, vengo a pedirte por las almas consagradas, esas personas en quienes has depositado tu mirada y a las que has amado con amor de predilección (cf. Mc 10). De ellas dijiste: «Como un joven se desposa con una doncella, se desposará contigo tu hacedor; como el esposo se alegra con la esposa, así se alegrará tu Dios contigo» (Is 62, 5). Dios mío ¿cómo es que encuentras tus delicias con los hijos de los hombres? (cf. Prov 8, 31) «¿Quién es esta que sube del desierto apoyada en su amado?» (Cant 8, 5). Son frágiles vasijas de barro que contienen un gran tesoro (cf. 2 Cor 4,7). ¡Qué misterio! Por eso vengo a interceder por ellas para que valoren el don recibido, lo custodien y te den mucha gloria hasta el final de sus vidas.

22 DE AGOSTO — MARÍA REINA

(Fiesta de María Reina)

Espíritu Santo, me consuela mucho pensar que María se encuentra en cuerpo y alma junto a ti en la gloria celestial. Como Reina del Universo conoce todo lo que sucede en la tierra, nos sigue de cerca en nuestro quehacer cotidiano y nos sostiene con amor materno en las pruebas de la vida. Su reino es de verdad y de vida, de santidad y de gracia, de amor y de paz. Gracias por tenerla en el seno del Padre, cobijada en el Corazón de Jesús, rogando por nosotros ahora y en la hora de nuestra muerte.

23 DE AGOSTO — ACEPTACIÓN

Eso que me sucedió, tú sabes a qué me refiero, no lo entiendo ni creo lograr entenderlo jamás. Simplemente fue demasiado, no hay lógica alguna, no soy capaz de entender cómo pudiste haberlo permitido. Pero hoy quiero agachar la cabeza, no voy a pedirte ni a pedirle cuentas a nadie más, no espero explicaciones, ya no las necesito, simplemente quiero hacerte una ofrenda. Mi ofrenda es mi aceptación. Yo confío en que si tú, Espíritu Santo, lo permitiste fue por algo, algún bien sabrás sacar de allí, para mí o para otros, ahora o más adelante, lo vea yo o no lo vea. Ya nada de eso importa, sólo quiero hacerte mi ofrenda. Con toda la mansedumbre de que soy capaz: con lágrimas en los ojos quiero decirte que acepto.

24 DE AGOSTO — DIOS SABE

Espíritu Santo, es duro cuando injustamente te declaran culpable: las personas se forman su idea de verdad, no te creen, emiten juicios, formulan su sentencia y promulgan falsos a los cuatro vientos. Duele mucho, más cuando se trata de personas cercanas. Pero tranquiliza saber que tú lo sabes todo, Tú conoces toda la verdad y al final tu juicio es el único importante. Vivir honestamente bajo tu mirada me hace sentirme libre, profundamente libre: «La verdad os hará libres» (Jn 8, 32) Que los hombres digan lo que quieran... mientras tú conozcas la verdad, estoy en paz.

25 DE AGOSTO – MOMENTO PRESENTE

La vida la vivimos gota a gota, vivimos el momento presente, solo eso tenemos. El pasado es como el agua de río que ya se fue y el futuro es incierto. Por eso, el mejor modo de cultivar la amistad con el Espíritu Santo es en cada momento presente. Hoy proponte conectar con el Espíritu Santo durante diversos momentos del día: ahora mismo, cuando vas a comenzar tu primera cita, al sentarte a comer, en el primer semáforo en rojo, al besar a tus papás o a tu esposo/esposa al final del día... Cuanto más lo recuerdes durante el día, vivirás con mayor plenitud.

26 DE AGOSTO – COMO BRASA ARDIENDO

Espíritu Santo, quiero exponerme como un leño a la fuerza de tu Fuego Divino. Quiero acercarme a ti y arder. Que me quemes tanto que me vuelva brasa ardiente, donde leño y fuego son una sola cosa. Primero tú por un lado y yo por otro, ahora comunión de amor.

27 DE AGOSTO – DESCIENDA TU LLUVIA

Veo las noticias: conflictos, odio y destrucción. Nos hemos alejado de ti. El mundo está como tierra reseca, agostada, sin agua (Sal 62, 2). Ven, Espíritu Santo, renueva la faz de la tierra. Que de los cielos descienda tu lluvia y no vuelva sin que empape la tierra, la fecunde y la haga germinar (cf. Is 55, 10).

28 DE AGOSTO – COSAS SANTAS
(Fiesta de San Agustín)

«Espíritu Santo, inspíranos, para que pensemos santamente. Espíritu Santo, incítanos, para que obremos santamente. Espíritu Santo, atráenos, para que amemos las cosas santas. Espíritu Santo, fortalécenos, para que defendamos las cosas santas. Espíritu Santo, ayúdanos, para que no perdamos nunca las cosas santas».

(San Agustín)

29 DE AGOSTO – LUCES Y SOMBRAS

Hoy me he puesto a repasar mi vida, hay luces y hay sombras, como en los bosques. Eso los hace más bellos. Hoy quiero darte las gracias porque tú has permitido luces y sombras en mi historia, y de la combinación de ambas has sabido sacar belleza.

Mi existencia ha sido bella, sobre todo porque tú has estado siempre allí, como en la Anunciación: vino la Luz al mundo cuando cubriste a María con tu sombra. Las sombras contigo están llenas de gracia, son siempre bendición.

30 DE AGOSTO — ¿QUIÉN FUE?

Hoy hazte el propósito de descubrir al Espíritu Santo: autor de toda belleza. Cuando veas un rostro bello pregúntate: ¿quién lo hizo?, y rinde honor y gloria a Dios. Cuando descubras una actitud bella en ti o en otra persona, pregúntate: ¿quién fue?, y rinde honor y gloria a Dios. Y así lo mismo con todo lo bello: la mirada de un anciano, la sonrisa de un bebé, los pétalos de una rosa, los buenos sentimientos que experimentes, los gestos amables que te ofrezcan... ¿Quién fue? Y rinde honor y gloria a Dios.

31 DE AGOSTO — SOPLO

Espíritu significa soplo, aire, viento. Tú estás en el origen del ser y de la vida de toda criatura. Tú tienes el poder sobre la vida, tú guardas la creación en el Padre por el Hijo. Como soplo te describió Jesús cuando sugirió a Nicodemo tu novedad trascendente (cf. Jn. 3, 5-8).

Luego, Jesús sopló sobre los apóstoles cuando los encontró en el Cenáculo después de resucitar (cf. Jn. 20, 22). Espíritu Divino, tú eres el Soplo de Dios, el que infunde vida. Tú eres el aire que respiro, sin ti me asfixiaría. Enséñame a respirarte cada vez más a fondo en la oración, quiero llenarme de ti.

Septiembre

1 DE SEPTIEMBRE — BIBLIA

Toma la Biblia en tus manos, mírala, acaríciala, estréchala contra tu pecho, bésala. Que tu oración al Espíritu Santo sea un corazón profundamente agradecido por el don de su Palabra. No hace falta que le digas nada, hoy dirígete a Él sólo con gestos y actitudes.

2 DE SEPTIEMBRE — AMAR MUCHO

El mayor don que me has hecho, Espíritu Santo, es mi capacidad de amar mucho. Todo ser humano tiene capacidad de amar mucho. Saber que la oración consiste precisamente en eso, me consuela: puedo ser un gran orante, un gran amigo de Jesús, entrar en intimidad con Él como Cristo con su Padre. Creo que es el mayor regalo que he recibido de ti: Me habilitaste para amar mucho. Sólo es cuestión de que yo me deje amar por Dios y me aplique en corresponder a su gran amor.

3 DE SEPTIEMBRE — PALABRA SECRETA

(Fiesta de San Gregorio Magno)

Espíritu Santo, tú enciendes el deseo de las cosas invisibles en los corazones, tu inspiración es una palabra secreta que puede ser percibida, pero es imposible expresarla mediante el sonido de las palabras. Cuando tu inspiración divina eleva sin ruido al alma, se oye una palabra secreta, porque tu voz resuena silenciosamente al oído del corazón. Escuchando la Palabra el ánimo arde, la frialdad del corazón desaparece, la mente anhela a Dios. Dame finura de oído para ser capaz de percibirte en la voz sutil del silencio (Cf. 1 Re 19,11-16).

(Oración inspirada en textos de San Gregorio Magno)

4 DE SEPTIEMBRE — EL SONIDO DEL SILENCIO

Señor, a veces me cuestan tus silencios, pero me gusta el sonido del silencio: el silencio de la noche, el silencio de la montaña, del mar, del desierto, del corazón profundo. Aquí te encuentro. Este silencio no es vacío, es más bien plenitud de tu presencia, silencio sonoro. Necesito espacios de silencio y soledad. El silencio es condición para la escucha. Yo sé que tú me hablas y quiero escucharte. Señor, que tenga el valor de venir a buscarte en el sonido del silencio.

5 DE SEPTIEMBRE — HOT SPOT

Espíritu Santo, gracias por revelarme la presencia de Dios en todas partes. Hoy quiero hacer mío el salmo 138: «Tú me sondeas y me conoces; me conoces cuando me siento o me levanto, de lejos penetras mis pensamientos; distingues mi camino y mi descanso, todas mis sendas te son familiares. No ha llegado la palabra a mi lengua, y ya, Señor, te la sabes toda. Me estrechas detrás y delante, me cubres con tu palma. Tanto saber me sobrepasa, es sublime, y no lo abarco. ¿A dónde iré lejos de tu aliento, a dónde escaparé de tu mirada? Si escalo el cielo, allí estás tú; si me acuesto en el abismo, allí te encuentro; si vuelo hasta el margen de la aurora, si emigro hasta el confín del mar, allí me alcanzará tu izquierda, me agarrará tu derecha. Si digo: "Que al menos la tiniebla me encubra, que la luz se haga noche en torno a mí", ni la tiniebla es oscura para ti, la noche es clara como el día» (Sal 138, 1-12).

6 DE SEPTIEMBRE — PREGUNTA

Espíritu Santo, vengo a pedirte luz, se me ocurren diversas ideas de cómo afrontar esta situación que traigo entre manos, pero no quiero decidir a solas. Quisiera preguntarte: ¿qué quieres que haga?, ¿qué es lo mejor? Tú siempre buscas lo mejor para nosotros. Tú tienes la mejor visión de todos. Quiero que se realicen tus planes. Quiero hacer tu voluntad. ¡Ven, Espíritu Santo! Ilumíname, ayúdame a tomar la mejor decisión.

7 DE SEPTIEMBRE — EL ESPÍRITU DE JESÚS

Me era difícil saber quién eres, cómo eres, hasta que caí en la cuenta de que eres el Espíritu de Jesús. Cuando al final de su vida Jesús expiró y entregó su espíritu, me entregó su Espíritu, te entregó a ti, el don de los dones, eres el gran regalo de Jesús. Hoy me sigue entregando su Espíritu en los sacramentos, de su costado sigue manando el río de Agua viva, que eres tú. Puesto que en mí habitas tú, el Espíritu de Jesús, te suplico que impregnes toda mi persona y todos mis actos, concédeme pensar, sentir y actuar como Jesús.

8 DE SEPTIEMBRE — EL DON DE LA VIDA

(Fiesta de la Natividad de María)

Espíritu Santo, quiero dar gracias por el don del matrimonio y de la vida. Pienso en Joaquín y Ana, padres de María. «Con su amor mutuo, en el matrimonio se convirtieron en imagen del amor absoluto e indefectible con que Dios ama al hombre. Este amor es bueno, muy bueno a los ojos del Creador» (cf. Gn 1,31; Catecismo 1604). Cooperando con el amor del Creador, trajeron al mundo a María, la criatura más bella y fecunda del universo. Gracias, Joaquín y Ana, gracias a mis propios padres, gracias a los papás de todas las personas que conozco, gracias a todos los esposos y padres de familia por ser acogida y transparencia del amor de Dios.

9 DE SEPTIEMBRE — ME CUIDAS

Espíritu Santo, al amanecer encuentro los campos bañados de rocío. Tú cuidas tus criaturas mientras nosotros dormimos. Tu trabajo es discreto, silencioso, nunca invades ni te impones, calas a fondo a base de asperjar rocío. Gracias por tratarme así, con una delicadeza que no merezco. Gracias por no empujar, aunque a veces quisiera que no fueras tan respetuoso conmigo. Gracias por seguirme cuidando, aún cuando no siempre correspondo a tu amor. Quisiera que toda mi jornada fuera amanecer para verme, en todo momento, impregnado de tu gracia.

10 DE SEPTIEMBRE — GRAVEDAD

Espíritu Santo, experimento la presencia de fuerzas que me apartan de Jesús, a veces las siento dentro de mí, a veces fuera. Son poderosas y seductoras. Siempre pasa lo mismo, prometen felicidad y al final sólo producen vacío, destrucción y tristeza. Espíritu Santo, Tú eres la fuerza de gravedad que me atrae hacia Cristo. Acércame a Jesús, llévame hasta Él, introdúceme a la intimidad de Su Sagrado Corazón. Ese es mi lugar, donde quiero estar en el tiempo y en la eternidad. No dejes de atraerme, aunque te ignore o me resista, no dejes de atraerme. Tengo la seguridad de que al final vencerás.

11 DE SEPTIEMBRE — SED

Tú escuchaste a Jesús gritar desde la cruz: «tengo sed» (Jn 19, 28). Se sentía solo, abandonado, traicionado, rechazado; Cristo crucificado tiene sed de mi amor; por eso despiertas en mí la sed de Dios. Ya entiendo: Tú eres el Espíritu Consolador, que despiertas en mí la sed de oración para que me acerque a consolar el Corazón de Jesús.

12 DE SEPTIEMBRE — HOY TE QUIERO CANTAR

Es bien conocida la frase célebre de San Agustín: «El que canta ora dos veces». Hoy la oración será un canto. Puede ser cualquier canto al Espíritu

Santo que conozcas, propongo este: Ven, Espíritu, ven y lléname Señor con tu preciosa unción. Purifícame y lávame, renuévame, restáurame, Señor, con tu Poder.

13 DE SEPTIEMBRE — ZARZA ARDIENTE

Espíritu Santo, quiero ser como la zarza que arde sin consumirse (Ex 3, 2). Cuando tú entras en mi vida no me anulas, me enriqueces. Fui hecho para arder, quiero arder de amor infinito. Solo si me llenas con el fuego de tu amor seré luz y calor. Ya no yo, sino tú que ardas en mí. Ya no yo, sino tú amando a mis hermanos a través de mí. Te lo suplico: ingéniatelas para entrar en mi vida y hacernos una sola cosa: zarza ardiente para el bien de mis hermanos.

14 DE SEPTIEMBRE — INCIENSO

El carbón que ponen en el incensario de las celebraciones litúrgicas soy yo. El fuego con que arde eres Tú. El incienso son mis oraciones de alabanza, bendición, gratitud, ofrecimiento y súplica. El perfume indica cuánto quiero agradarte con ellas. El humo es mi humilde oración que se eleva al cielo. Dime, Espíritu Santo: ¿qué oración quieres que hoy te ofrezca?

15 DE SEPTIEMBRE – LA MIRADA DE MARÍA

(Fiesta de Nuestra Señora de los Dolores)

Cuando Jesús subía al Calvario con la cruz a cuestas Tú le enviaste a María para acompañarlo, sé que fuiste Tú. Espíritu Santo, Tú fuiste el que diste valor y fortaleza a María, Tú fuiste el que consolaste a Jesús a través de María. La presencia de María y de ti en Ella fue sumamente significativa para Jesús en esos momentos. Hoy quisiera pedirte que cuando la cruz se haga presente en mi vida, también a mí me traigas a María. Su mirada, su ternura, su fortaleza y tu amor en sinergia con el suyo, me ayudarán a cargar la cruz como Jesús.

16 DE SEPTIEMBRE – LA MEJOR CASA

(Fiesta de San Cipriano)

Espíritu Santo, gracias por el don de mi bautismo: toda mancha de mi vida anterior fue lavada con el agua de la regeneración y en mi corazón, limpio y puro, fue infundida la luz de lo alto. El segundo nacimiento me convirtió en un hombre nuevo e inmediatamente, de modo maravilloso, se desvanecieron mis dudas. Se hizo patente lo misterioso, se hizo claro lo oscuro, se hizo fácil lo que antes parecía difícil, se pudo realizar lo que antes se creía imposible. Pude comprender entonces que era terreno el que, nacido de la carne, vivía sujeto a los pecados, pero que empezaba a ser de Dios este mismo, a quien vivificaba ya el Espíritu Santo. Así como espontáneamente el sol alumbra, el día ilumina, la lluvia humedece, así mismo el Espíritu celestial se infunde en nosotros. Ahora me parecen ya despreciables los artesonados adornados de oro y las mansiones revestidas con incrustaciones de mármol precioso, soy yo más bien el que debe ser pulido, el que debe ser adornado antes de nada; para mí, mi corazón es la mejor casa, en la que se asienta el Señor como en su templo y en la que habita el Espíritu Santo.

(Oración inspirada en un texto de San Cipriano)

17 DE SEPTIEMBRE — NACER DE NUEVO

Espíritu Santo, a veces me cuesta entender y practicar las enseñanzas de Jesús. Bastan, por ejemplo, las bienaventuranzas: bienaventurados los pobres, los que lloran, los perseguidos, bienaventurados seréis cuando os injurien... Mi modo de razonar es a veces tan distinto al de Jesús; es un pensamiento demasiado humano. Lo que me hace falta es lo que Jesús recetó a Nicodemo: tengo que nacer de nuevo, nacer según el Espíritu para razonar según el Espíritu y vivir según el Espíritu. Que cuando no asimile algo del Evangelio y de las enseñanzas de la Iglesia tenga la humildad de reconocer que soy yo quien tiene que cambiar: convertirme, renunciar a mis criterios demasiado terrenos, nacer de nuevo a la vida en el Espíritu. Ven, Espíritu Santo, dame una nueva vida.

18 DE SEPTIEMBRE — EL DEDO

Espíritu Santo, hoy quisiera reconocerte como el dedo de la diestra del Padre. Jesús expulsó los demonios «por el dedo de Dios» (Lc 11, 20); las palabras de Cristo escritas a los apóstoles fueron escritas «no con tinta, sino con el Espíritu de Dios vivo; no en tablas de piedra, sino en las tablas de carne del corazón» (2 Cor 3, 3). Pero siempre pasas desapercibido, Espíritu Santo. Por eso hoy quiero reconocer tu obra.

19 DE SEPTIEMBRE — ROSARIO

Espíritu Santo, hoy quisiera rezar el Rosario como lo recomienda Juan Pablo II: contemplando los misterios de Cristo desde el corazón de María. Pero para ello necesito tu ayuda, ¿cómo voy a sentir como María sintió en la cueva de Belén sin tu ayuda?, ¿cómo voy a experimentar el dolor que María sufrió en el Calvario sin tu ayuda?, ¿cómo voy a gozar como María gozó al encontrar a Cristo Resucitado sin tu ayuda? Ven Espíritu Santo, enséñame y ayúdame a rezar bien mi Rosario.

20 DE SEPTIEMBRE — VAN Y VIENEN

Espíritu Santo, las cosas van y vienen, los sentimientos también, la suerte, los recuerdos y los sueños, los buenos y los malos momentos, la salud y la enfermedad, el aprecio y el desprecio, el reconocimiento y el olvido, la primavera, el verano, el otoño y el invierno. A veces, tristemente, también las personas. Todo va y viene, como el viento. Solo Dios es fiel. Solo tu amor permanece. Tú eres lo que yo necesito, un Amor que no pueda fallar.

21 DE SEPTIEMBRE — TE PIDO POR ÉL

Espíritu Santo, hay un resentimiento que no logro superar, me cuesta mucho perdonarlo. Recuerdo las humillaciones, las ofensas, las traiciones; me hizo tanto daño... Te suplico, Espíritu de amor, por esa persona en la que estoy pensando. Es tu hijo, tú lo conoces, solo tú sabes lo que hay en su corazón. A mí me cuesta mucho poner amor; pero hoy, con la ayuda de tu gracia, quiero poner amor en mi oración. Quiero pedirte por él, perdónalo, bendícelo, que todo le resulte bien, y al final de su vida concédele una eternidad junto a ti, junto al Padre y junto a Jesucristo en el cielo.

22 DE SEPTIEMBRE — SIN PALABRAS

Espíritu Santo, me pregunto si hay algún problema en no decirte nada sino simplemente estar contigo. Siento que me respondes: «Al contrario, cuantas menos palabras, mejor. Cuando vengas conmigo ven sobre todo a escuchar, a estar juntos. Me gusta estar contigo, en silencio; tal vez primero te sentirás extraño, como en un vacío, tendrás la impresión de estar perdiendo el tiempo, pero luego el silencio estará cargado de contenido, será un silencio sonoro».

23 DE SEPTIEMBRE — CIRENEO

(Fiesta de San Pío de Pietrelcina)

Espíritu Santo, esta vez no vengo a pedirte que me libres de la cruz sino que me enseñes a cargarla. Me cuesta cargar con miedos, tentaciones, penas y enfermedades, pero voy comprendiendo que las permites en mi vida a modo de martillo y cincel, para purificarme. No me quejo de lo que impones a mi alma, me abandono totalmente a ti, pero sé mi Cireneo, enséñame y ayúdame a llevar la cruz como Cristo en el Calvario.

(Inspirada en textos de San Pío de Pietrelcina)

24 DE SEPTIEMBRE — TUS HIJOS

(Oración de los esposos)

Espíritu Santo, gracias por el don de nuestros hijos, gracias por confiar en nosotros para educarlos y amarlos. Queremos verlos crecer sanos y felices, que sean personas constructivas, que se les reconozca por su integridad, su nobleza, su capacidad de amar. Concédeles conocer a Jesús, Camino, Verdad y Vida, que se enamoren de Él y lo sigan lo más cerca posible. Que vivan siempre en gracia, y si tienen la desgracia de perder la gracia, que tengan la humildad de pedirte perdón y volver a empezar. Permite que algún día nos encontremos toda la familia reunida en el cielo.

25 DE SEPTIEMBRE — CARISMAS

Espíritu Santo, me consuela saber que los carismas que tú regalas no tienen que ser dones extraordinarios, que también son dones tuyos las cosas más sencillas y ordinarias. Conozco personas con una bellísima sonrisa, otros que son expertos en hacerte sentir bien a su lado, tengo amigos con gran capacidad de percibir cuando necesitas una palabra de aliento, otros que son maestros en preparar un buen asado, y quienes tienen buena mano para las flores. Carismas... dones que tú les das y que ellos ponen al servicio de los demás. Gracias, Espíritu Santo, por decirnos de tantas maneras lo mucho que nos amas. También yo debo tener algún carisma. Por más vulgar que parezca, que sepa agradecerlo y ponerlo al servicio de los demás.

26 DE SEPTIEMBRE — CONTROL

Espíritu Santo, hoy quiero pedirte perdón por mi tendencia a controlar, controlar a dónde voy en mi vida espiritual, a qué ritmo, por qué camino... y si me llevas, tener claro a dónde me llevas... Es natural que sea así, pero me esclaviza esa tendencia a controlar que se realicen mis planes y a mi manera. Habiéndote conocido, he aprendido que es mejor dejarme llevar por ti. «Los que se dejan llevar por el Espíritu de Dios, esos son hijos de Dios» (Rm 8,14). De ti he recibido un espíritu de hijo adoptivo que me hace gritar, «¡Abba, Padre!» (Gal 4, 6) Quiero dejarme conducir por ti, y que te sientas con absoluta libertad. Tú me llevarás por los caminos de Jesús, al estilo de Jesús, al Corazón de Jesús. Ven Espíritu Santo, modélame, guíame, víveme.

27 DE SEPTIEMBRE — DE COMPRAS

Jesús nos enseñó el valor del ayuno para la vida espiritual y los santos también. Considera si puede ayudarte la siguiente oración: «El ayuno de alimentos cuesta pero me cuesta mucho más ayunar de compras. Hoy quiero hacerte un ofrecimiento: la próxima vez que vaya de compras ayunaré de todo lo que no sea estrictamente necesario y veré si aún de algo necesario puedo prescindir. Con lo que deje de gastar haré una obra de misericordia. Tú que eres espléndido cuando se trata de distribuir dones, dame fuerza para cumplir y corazón magnánimo para dar con generosidad».

28 DE SEPTIEMBRE — CASTILLO INTERIOR

Espíritu Santo, esta llama silenciosa evoca una presencia: tu presencia en mi corazón. Allí estás desde el día de mi bautismo; en lo más profundo de mí; en ese castillo interior que te has formado. Eres inmenso y quisiste habitar en mí. Aquí has puesto tu tienda. Reconozco tu presencia, la siento muy profunda, muy mía. Así te necesito, Señor: cercano, amable, fraterno.

29 DE SEPTIEMBRE — MI GUÍA

Espíritu Santo, cuando escucho una fuente me acuerdo de ti, del día de mi Bautismo. Aquel día me lavaste a fondo, era hombre nuevo, purificado con la Sangre del Cordero. Hijo de Dios. Mi corazón, pequeñito, capaz del Creador. Lo llenaste por completo. Impregnado de tu presencia, comencé mi historia de amistad contigo. Como una semilla destinada a germinar y crecer, emprendí el camino de mi vida cristiana. Hijo con minúscula, llamado a ser como el Hijo, con mayúscula. El Ideal: Cristo. La cima es alta. Cristo me apasiona. Tú, Espíritu Santo, eres mi guía. Fiel compañero de camino. Poco a poco me lo vas mostrando. Eres mi luz y mi fuerza. Dulce huésped del alma que me sostienes desde dentro. Mientras voy subiendo sigo escuchando las aguas del bautismo. Cada comunión, cada confesión, son fuente de gracia. Gracias, Espíritu Santo, por ser mi guía.

30 DE SEPTIEMBRE — ESCRITURA

(Fiesta de San Jerónimo)

Espíritu Santo, Tú me enseñas, a través de San Jerónimo, que ignorar las Escrituras es ignorar a Cristo. Yo creo que eres Tú quien habla a través de los profetas y de los evangelistas, por eso sus palabras están llenas de sabiduría y de sentido. Lo que llegó a sus oídos no era el sonido de una voz material, sino que eras tú quien hablabas en su interior. Por eso, puesto que son palabras sagradas, quisiera leer un pasaje de las Sagradas Escrituras cada día, y como ellos, escuchar lo que me dices aquí y ahora. Te lo suplico, cuando lea la Biblia, abre mis oídos interiores, ilumina mi entendimiento, enardece mi corazón y dame a conocer el rostro de Cristo.

(Oración inspirada en un texto de San Jerónimo)

Octubre

1 DE OCTUBRE — MI VOCACIÓN ES EL AMOR

(Fiesta de Santa Teresita)

Espíritu Santo, tú que distribuyes los carismas en la Iglesia, concédeme valorar el mayor de los carismas como lo hizo Santa Teresita en este texto que tú mismo le inspiraste: «Al contemplar el cuerpo místico de la Iglesia, no me había reconocido a mí misma en ninguno de los miembros que san Pablo enumera, sino que lo que yo deseaba era más bien verme en todos ellos. Entendí que la Iglesia tiene un cuerpo resultante de la unión de varios miembros, pero que en este cuerpo no falta el más necesario y noble de ellos: entendí que la Iglesia tiene un corazón y que este corazón está ardiendo en amor. Entendí que solo el amor es el que impulsa a obrar a los miembros de la Iglesia y que, si faltase este amor, ni los apóstoles anunciarían ya el Evangelio, ni los mártires derramarían su sangre. Reconocí claramente y me convencí de que el amor encierra en sí todas las vocaciones, que el amor lo es todo, que abarca todos los tiempos y lugares, en una palabra, que el amor es eterno. Entonces, llena de una alegría desbordante, exclamé: "Oh Jesús, amor mío, por fin he encontrado mi vocación: mi vocación es el amor. Sí, he hallado mi propio lugar en la Iglesia, y este lugar es el que tú me has señalado, Dios mío. En el corazón de la Iglesia, que es mi madre, yo seré el amor; de este modo lo seré todo, y mi deseo se verá colmado"».

2 DE OCTUBRE — ÁNGEL DE MI GUARDA

(Fiesta de los ángeles custodios)

Espíritu Santo, siento que el ángel de mi guarda es como tu sombra que me protege. No me desampares ni de noche ni de día, no me dejes solo que me perdería. Protégeme del demonio y de todo aquello que me aparte de Jesús. A la hora de mi muerte, defiéndeme, llévame a los brazos del Padre y asegúrate de que permanezca allí para siempre.

3 DE OCTUBRE — LLAMA

Enciende una vela, contempla la llama, siente su calor, cierra los ojos, recuerda la llama e imagínala ardiendo en tu interior, allí está en tu corazón desde el día de tu bautismo, a veces ha estado serena, a veces agitada, a veces vigorosa y a veces casi se apaga. Esa llama es el Espíritu Santo que habita en tu corazón. Ahora, gusta interiormente su presencia. Quédate así, sin prisas, disfrutando al Espíritu Santo que te habita. Si te distraes, vuelve a ver la llama de la vela y comienza de nuevo.

4 DE OCTUBRE — HERMANO SOL

(Fiesta de San Francisco)

Espíritu Santo, Tú que inspiraste a San Francisco el famoso cántico del hermano sol, te pido que infundas en mí la actitud de alabanza para rezarlo ahora con la misma devoción que él.

«Altísimo, Omnipotente, buen Señor, tuyos son los loores, la gloria, el honor y toda bendición. A ti solo, Altísimo, corresponden y ningún hombre es digno de nombrarte. Loado seas, mi Señor, con todas tus Criaturas, especialmente por el hermano Sol, por la hermana Luna y las Estrellas; por el hermano Viento, y por el Aire. Por la hermana Agua; por el hermano Fuego y por nuestra hermana la Madre tierra, la cual nos sustenta y gobierna, y produce diversos frutos con coloridas flores y hierbas. Loado seas, mi Señor, por aquellos que perdonan por tu amor, y soportan enfermedad y tribulación; dichosos cuantos las soportan en paz. Loado seas, mi Señor, por nuestra hermana, la Muerte corporal, ¡dichosos los que aciertan tu santísima voluntad!, porque la segunda muerte no les hará ningún mal. Load y bendecid a mi Señor, y dadle gracias y servidle con gran humildad».

5 DE OCTUBRE — CONVERSIÓN

Espíritu Santo, ya me convertí, ya opté por el camino del bien y procuro vivir siempre cerca de ti, ¿tengo que seguirme convirtiendo?, ¿qué significa para mí *conversión*?, ¿por qué sigues llamando a mi puerta? Ayúdame a entender que conversión no significa sólo cambiar de camino, significa también cambiar de actitudes, mejorar actitudes, es decir: día a día volver con amor mi mirada a ti, que me amas, significa crecer en la fe. Sostenme en esta lucha que no acaba nunca.

6 DE OCTUBRE — RICO EN MISERICORDIA

Espíritu Santo, concede a los sacerdotes y catequistas que vivan la experiencia de tu amor, para que ellos a su vez te den a conocer como un Dios lleno de bondad y misericordia. Que su predicación y consejo, y sobre todo su vida, nos hablen de un Dios que es Padre, Rico en Misericordia. Danos sacerdotes y catequistas según el Corazón de Jesús. Y a nosotros, concédenos ahondar de tal manera estas enseñanzas que valorando el gran amor que Dios nos tiene busquemos vivir siempre conforme a su voluntad.

7 DE OCTUBRE — WIFI

Espíritu Santo, es fácil conectar contigo. Donde quiera que hay un corazón humano allí hay señal, basta actuar las virtudes teologales para establecer conexión. Concédeme valorar y aprovechar este gran regalo que me diste: la posibilidad de hablar contigo a todas horas y en todas partes. Quiero aprender a rezar.

8 DE OCTUBRE — NO PUEDO MÁS

He hecho todo lo posible, he intentado tantas veces, no puedo más. Veo mis límites, mi insuficiencia. Ha llegado tu turno. Toma el timón. Tendría que habértelo dado desde el principio… Te suplico, Espíritu Santo, que intervengas. Tú sabrás la hora, la manera, la dirección. Confío en ti.

9 DE OCTUBRE — TRANSFORMANTE

Espíritu Santo, te suplico que hagas mi oración cada vez más transformante. Por una parte me alegra ver que desde que medito la Sagrada Escritura, cultivo la vida eucarística y dedico más tiempo a la oración, poco a poco va creciendo mi vida espiritual. Pero por otra parte constato en mí estilos y formas que no son los de Jesús. Ciertamente, «si no tengo caridad, nada soy» (1 Cor 13,2), pero sé que tú abrazas mi miseria y pequeñez. Confío en ti: confío plenamente en que entre los dos, yo como barro dócil y sobre todo tú como Maestro Alfarero, me transformarás a semejanza de Jesús.

10 DE OCTUBRE — INVÓCALO

Haz el hábito de invocar al Espíritu Santo antes de acciones importantes: una conversación delicada que vayas a tener, una reunión o cita en que se tomarán decisiones trascendentes, un encuentro con una persona que quieras mucho, al dar respuesta a un consejo que te han pedido... A base de repetirlo podrás formar el hábito de recurrir siempre al Espíritu Santo antes de momentos como estos. Y una vez que haya pasado, no te olvides de volver a Él para darle las gracias y dejar el asunto en Sus manos.

11 DE OCTUBRE — ESPACIOS DEL AMOR

(Fiesta de San Juan XXIII)

Espíritu Santo, perfecciona la obra que Jesús comenzó en mí. Mortifica en mí la presunción natural. Quiero ser sencillo, lleno de amor a Dios y constantemente generoso. Que ninguna fuerza humana me impida hacer honor a mi vocación cristiana. Que ningún interés, por descuido mío, vaya contra la justicia. Que ningún egoísmo reduzca en mí los espacios infinitos del amor. Que la efusión de tu Espíritu de amor venga sobre mí, sobre la Iglesia y sobre el mundo entero.

(Oración de San Juan XXIII)

12 DE OCTUBRE — NO FUI YO

Espíritu Santo, a veces hago, digo y siento cosas que no sé de dónde vienen. No fui yo. No fui yo el que tuvo ese gesto de caridad con quien tanto me cuesta tratar. No fui yo el que reaccionó con paciencia en la tribulación. No fui yo el que en medio del sufrimiento moral más oscuro se abandonó como María al pie de la cruz. No fui yo el que aceptó ofrecerse como holocausto junto a Cristo crucificado. No fui yo el que comenzó a recitar salmos de manera espontánea en mi interior. No fui yo el que calló con humildad cuando me calumniaron. No fui yo el que derramó tantas lágrimas llenas de mansedumbre. No fui yo, fuiste tú en mí.

13 DE OCTUBRE — NUBE

Espíritu Santo, cuando veo nubes me acuerdo del Padre y de ti. En la Anunciación descendiste sobre la Virgen María y la cubriste con tu sombra para que ella concibiera y diera a luz a Jesús (Lc 1, 35). En la Transfiguración una nube envolvió a Jesús, a Moisés y a Elías (Lc 9, 34-35). En la Ascensión, la misma nube ocultó a Jesús a los ojos de los discípulos (Act 1,9). Ya antes había aparecido la nube con Moisés en el Sinaí (Ex 24, 15-18), en la Tienda del Encuentro (Ex 33, 9-10), durante la marcha en el desierto (Ex 40, 36-38) y con Salomón en la dedicación del Templo (1 Re 8, 10-12). Te pido que ahora desciendas sobre tu Iglesia, sobre el Papa, los obispos, los sacerdotes, todo el pueblo de Dios y nos cubras con tu sombra para conocer la Gloria de Dios y vivir según las enseñanzas de Jesús. Atráenos a todos hacia el Padre, donde está Cristo sentado a su derecha, que en nuestra vida espiritual se verifique esa Ascensión progresiva para que alcancemos la plenitud de Cristo (Cf. Ef 4,13).

14 DE OCTUBRE — SED DE PERDÓN

Espíritu Santo, hoy me ayudaste a hacer una buena confesión. Mi corazón estaba bien dispuesto, como tierra reseca, agrietada, sedienta de perdón, con el fuerte dolor de haber buscado aljibes rotos que no pueden contener el agua (Jr. 2, 13). Me acerqué a ti no como esclavo que faltó a su deber sino como hijo que le falló al amor. Me hiciste ver que no le fallé a la ley, sino a tu Amor y eso duele, duele mucho. Qué diferente es una confesión con sentimiento de culpa y una confesión con profundo arrepentimiento. Gracias por haber dispuesto mi alma para valorar la infinita misericordia del Padre conmigo.

15 DE OCTUBRE — GETSEMANÍ
(Fiesta de Santa Teresa)

Espíritu Santo, a Santa Teresa le gustaba contemplar a Jesús en escenas donde había padecido particular sufrimiento y soledad. Le parecía que en esos momentos Jesús aceptaría su compañía con particular facilidad. Ahora quiero hacer yo lo mismo al contemplar a Jesús mientras ora a su Padre en el huerto de Getsemaní.

Te suplico, Espíritu Santo, que llenes mi corazón de amor para poder ofrecérselo a Jesús. También cuando sufre en el pobre, cuando padece soledad en el huérfano, cuando es acusado injustamente en el preso, cuando es olvidado en la esposa abandonada, cuando es golpeado en los que sufren violencia. No permitas que lo deje solo jamás.

16 DE OCTUBRE — SAGRADO CORAZÓN
(Fiesta de Santa Margarita María de Alacoque)

Espíritu Santo, quiero leer en tu presencia la revelación del Sagrado Corazón de Jesús a Santa

Margarita María: «Una vez, estando expuesto el Santísimo Sacramento, se presentó Jesucristo resplandeciente de gloria, con sus cinco llagas que se presentaban como otros tantos soles, saliendo llamaradas de todas partes de Su Sagrada Humanidad, pero sobre todo de su adorable pecho que, parecía un horno encendido. Habiéndose abierto, me descubrió su amabilísimo y amante Corazón, que era el vivo manantial de las llamas. Entonces fue cuando me descubrió las inexplicables maravillas de su puro amor con que había amado hasta el exceso a los hombres, recibiendo solamente de ellos ingratitudes y desconocimiento». «Eso», le dice Jesús a Margarita, «fue lo que más me dolió de todo cuanto sufrí en mi Pasión, mientras que si me correspondiesen con algo de amor, tendría por poco todo lo que hice por ellos y, de poder ser, aún habría querido hacer más. Mas sólo frialdades y desaires tienen para todo mi afán en procurarles el bien. Al menos dame tú el gusto de suplir su ingratitud de todo cuanto te sea dado conforme a tus posibilidades». Y cuando Margarita le explicó su impotencia, Jesús le dijo: «Yo seré tu fortaleza, nada temas, solo has de estar atenta a mi voz y a lo que exija de ti con el fin de prepararte para la realización de mis designios».

¿Qué quieres decirme a mí, Espíritu Santo, con esta lectura?

17 DE OCTUBRE — JESUCRISTO

(Fiesta de San Ignacio de Antioquía)

Espíritu Santo, dame un corazón apasionado por Jesucristo como el de San Ignacio de Antioquía; que como él escribió y confirmó con su martirio, esté dispuesto a «que vengan sobre mí, fuego, cruz, cuchilladas, fracturas, mordiscos, desgarrones, y que mi cuerpo sea hecho pedazos con tal de poder demostrarle mi amor al Señor Jesús». Que mi corazón sea un fuego ardiente de amor por Cristo, que en mi pecho siempre lleve a mi Señor, que tampoco a mí «ninguna cosa visible o invisible me impida alcanzar a Jesucristo», que venga todo sobre mí con tal de gozar de Jesús. Líbrame de ser un cristiano mediocre o con caretas, que si tengo a Cristo en mi labios no acepte deseos mundanos en mi corazón. Que Cristo sea el centro, el criterio y el modelo de toda mi existencia.

18 DE OCTUBRE — DESPIERTA

Espíritu Santo, si soy sincero, reconozco que tus dones en mí están a veces tan quietos que parecen muertos. Sopla sobre este muerto para que viva, despiértame, Señor, sacude en mí la pereza espiritual, que salga ya de mi letargo, sácame del pantano fatal de la tibieza. Muchos dones me has dado, pero los más grandes de todos son las virtudes teologales. Hoy quiero despertar y cultivarlos. Por eso te suplico: infunde en mí un espíritu nuevo. Que mi fe se fortalezca dándola (cf. Rm 2). Que al darme, la caridad crezca en mí. Que mi esperanza aumente al practicarla.

19 DE OCTUBRE — RUINAS

Muchas cosas que construí durante años se han convertido en ruinas. Me encuentro profundamente confundido; yo mismo me siento en ruinas. ¿Por qué, Señor? ¿Por qué después de tanto esfuerzo todo terminó así? Creo que nunca tendré respuesta, sólo espero que también en este caso tú sepas sacar bien del mal, que todo contribuya al bien de los que te aman (cf. Rm 8, 28) y confío en que se verificará la profecía de Ezequiel: «Las ciudades están habitadas y las ruinas reconstruidas. Os repoblaré como antaño, mejoraré vuestra condición precedente, y sabréis que yo soy Yahvé. Os rociaré con agua pura y quedaréis purificados; de todas vuestras impurezas y de todas vuestras basuras os purificaré. Y os daré un corazón nuevo, infundiré en vosotros un espíritu nuevo, quitaré de vuestra carne el corazón de piedra y os daré un corazón de carne. Infundiré mi espíritu en vosotros y haré que os conduzcáis según mis preceptos y observéis y practiquéis mis normas» (cf. Ez 36,10-12; 25-27).

Reconstrúyeme, Espíritu Santo, te lo suplico: reconstrúyeme.

20 DE OCTUBRE — ENERGÍA

La vida espiritual es el arte de tomarte en cuenta, de ser conscientes de que en ti, Espíritu Santo, está el poder y la fuerza. Que tu energía impregne la mía desde dentro. Es tu fuerza la que me hace fuerte. Como el artista que toma la mano del discípulo para enseñarle, así tú: toma mis facultades, mueve mi inteligencia y mi voluntad, para ser capaz de plasmar en el lienzo de mi existencia la belleza de la obra maestra de Dios: Cristo Resucitado. Ven con todo tu poder divino, entra en mí, muévete en mí, mira en mí, habla en mí, ama en mí, ora en mí.

21 DE OCTUBRE — ENVIADO

Jesucristo comenzó el anuncio de la Buena Nueva haciendo suyo el pasaje de Isaías: «El Espíritu del Señor está sobre mí, porque me ha ungido. Me ha enviado a anunciar a los pobres la Buena Nueva, a proclamar la liberación a los cautivos y la vista a los ciegos, para dar la libertad a los oprimidos y proclamar un año de gracia del Señor» (cf. Lc 4,18-19; cf. Is 61,1-2).

Espíritu del Señor, también me has ungido a mí al recibir el Sacramento de la confirmación, también a mí me has enviado, despiértame, sacúdeme toda pereza, toda indiferencia, toda pasividad, e impúlsame a cumplir mi misión en la extensión del Reino de Cristo.

22 DE OCTUBRE — GRACIAS, JESÚS

Jesucristo, quiero darte las gracias porque desposándote con nuestra «condición de esclavos» (Flp 2,7), tomando sobre ti nuestra muerte, nos comunicaste tu propio Espíritu de vida. Reposó sobre ti «el Espíritu del Señor: espíritu de sabiduría e inteligencia, espíritu de consejo y de fortaleza, espíritu de ciencia y temor del Señor» (Is 11,1-2) y antes de volver al Padre nos lo dejaste como el mayor Don de todos los dones. Tanto valor le diste tú mismo que llegaste a decir: «Os conviene que yo me vaya; porque si no me voy, no vendrá a vosotros el Paráclito; pero si me voy, os lo enviaré» (Jn 16, 7). Gracias, Jesús.

23 DE OCTUBRE — DEMASIADO

Espíritu Santo, siento que es demasiado lo que tengo que sufrir. ¿Por qué yo? ¿Por qué tanto? ¿Por qué así? Miro a Cristo crucificado y se derrumban mis quejas. ¿Por qué Él? ¿Por qué tanto? ¿Por qué así? Mientras no llegue a sufrir tanto como Él, no puedo quejarme. Quiero unirme a su dolor y así darle un sentido al sufrimiento, sufrir como Él y sobre todo: sufrir con Él.

24 DE OCTUBRE —
¿CÓMO SÉ QUE VIENE DE TI?

Espíritu Santo, cuando escucho una voz interior, ¿cómo sé que viene de ti y no es solo una ocurrencia mía? Como sabes, no siempre es fácil discernir. Me han dicho que hay algunos criterios a tomar en cuenta:

- Que hay que llevarla a la oración y pedirte luz.
- Que sea conforme al evangelio y a la doctrina de la Iglesia.
- Que me produzca paz.
- Que me lleve a amarte y servirte más y mejor, y no me aleje nunca de Ti centrándome en mí.
- Que me lo confirmen mi director espiritual y/o la autoridad competente cuando sea el caso.
- Que no porque sea idea mía ya no puede ser tuya, pues Tú también hablas a través de mi conciencia y en lo profundo de mi corazón.
- No tener miedo, sino mucha confianza en que tú me guías siempre que aplique la ley del amor.

Ahora quisiera pedirte que me hagas una persona prudente, que me ilumines para saber discernir para hacer siempre tu voluntad, pues eso es lo que siempre quiero hacer en mi vida: Tu Santísima Voluntad.

25 DE OCTUBRE — ESPIRITUAL

Espíritu Santo, gracias por hacerme un ser espiritual. No hablo de lo espiritual en contraposición a lo material, lo corporal. Me refiero a que me has regalado una existencia renovada por ti. Mi vida es ahora espiritual, porque he sido redimido por Cristo. Has realizado en mí una nueva creación. Tengo una vida nueva en Cristo desde el bautismo. Quiero acoger este inmenso don de manera responsable: permitir que mi cuerpo, mi sensibilidad, mi entendimiento y voluntad, sean espirituales. Es decir: quiero vivir como Cristo. Tú, Espíritu Santo, me has habilitado para ello, porque Tú, el mismo Espíritu de Cristo, habitas en mí y puedes transformar toda mi existencia. Te lo suplico: que así sea, ¡que así sea!

26 DE OCTUBRE — CIRIO

Consigue un cirio y llévalo al sacerdote para bendecirlo. Proponte encenderlo en momentos especiales: cuando tengas un problema o preocupación particular, cuando necesites luz para tomar una decisión importante, cuando quieras confiar a Dios una intención especial. Enciéndelo también cuando estés solo haciendo tus quehaceres ordinarios: en la oficina, en la cocina, en el taller. El cirio encendido te ayudará a tener al Espíritu Santo presente y todo tomará mayor sentido.

27 DE OCTUBRE — TE ESCUCHO

Espíritu Santo, cada vez siento mayor necesidad de permanecer a la escucha de tu palabra, de esos mensajes que me diriges durante el día a través de los acontecimientos, de las personas, de mi conciencia... Cuando estoy atento, advierto que me dices tantas cosas importantes que no puedo dejar que pasen desapercibidas. Tu palabra es como el rocío, como la blanda lluvia sobre la hierba verde, como el aguacero que empapa mi alma (Cf. Deut 32,2). Gracias por dirigirme la palabra, sin ella mi vida sería oscura, sentiría haber muerto para ti, pero tú eres fiel y me sigues hablando. Hoy quiero pedirte que me concedas escucharte también en el silencio, que acepte que tú eres la fuente eterna que habla en eterno silencio y que cuando callas no es que estés ausente, sino que estás más presente que nunca pidiéndome una respuesta de fe y de confianza.

28 DE OCTUBRE — ESCUCHAR

Espíritu Santo, enséñame a escucharte, afina el oído de mi alma. Quiero aprender a escuchar las múltiples maneras en que tú me hablas: en la Biblia, en la Eucaristía, en el corazón de María, en mi prójimo, en mi corazón, en los pastores de la Iglesia, en la naturaleza, en la historia, en el arte... Que no sea sordo a ninguno de los medios que tú utilizas para hablarme, sé que tú me hablas continuamente, unas veces de manera contundente, otras solo insinuando. Dame, Señor, un corazón que escucha (cf. 1 Re 3, 9).

29 DE OCTUBRE — PÉRDIDAS

Espíritu Santo, cuando suceden desgracias, especialmente en las pérdidas: pérdida de la salud, pérdida de un ser querido, pérdida del empleo, pérdida de bienes materiales... nuestro instinto nos lleva a pedir explicaciones, a querer entender el porqué, ¿por qué ahora?, ¿por qué a mí?, ¿por qué él?, ¿por qué así?... Estas preguntas me atormentan y más me atormenta la falta de respuesta. Vengo a pedirte ayuda: concédeme reaccionar como Job, que no buscó ni aceptó explicaciones humanas, sino que fue en busca de Dios y le bastó tener la certeza de Su presencia fiable para estar en paz. Job aceptó todo lo que el Padre hubiera hecho o permitido en su vida: «Desnudo salí del vientre de mi madre, desnudo volveré allá. Dios me lo dio, Dios me lo quitó, bendito sea el nombre del Señor» (Job 1,21). Dame la humildad, la confianza y la mansedumbre para tener estos mismos sentimientos ante la voluntad de Dios.

30 DE OCTUBRE — ENVIDIA

Espíritu Santo, a veces me da envidia el jardín del vecino; y a él el mío. Quiero pedirte perdón, creo que con ese sentimiento no te hacemos justicia. Tú riegas sobre justos e injustos (cf. Mt 5, 45) y cuando riegas el jardín de tu Iglesia, de la misma tierra obtienes todo tipo de flores, de los más variados colores, formas y tamaños, cada una con su belleza propia. Sacas también plantas y hierbas, algunas comunes y otras exóticas, pero cada una con su originalidad y belleza. Hay árboles grandes y chicos, con frutos, con semillas o con flores, o sin ninguna de las tres. Y el conjunto es bellísimo: tu jardín, tu Iglesia, el que a ti te gusta. Que nunca me compare con los demás, no permitas que se meta la envidia en mi vida. Tú me has hecho como has querido y está muy bien así.

31 DE OCTUBRE — MENDIGO

Espíritu Santo, hoy mi oración son mis manos abiertas; míralas, están vacías. Me postro ante ti como un mendigo. Mira el vacío de mi alma si tú me faltas por dentro. ¿Qué indican? Indican que yo soy pregunta, tú respuesta. Yo miseria. Tú misericordia. Yo cáliz. Tú vino nuevo. Te lo suplico, Espíritu Divino, apiádate de mí, tengo hambre y sed de ti.

Noviembre

1 DE NOVIEMBRE — FLORES COMUNES

(Solemnidad de todos los santos)

Espíritu Santo, con frecuencia encuentro personas verdaderamente buenas, humildes, caritativas, abnegadas, de profunda vida de oración. Solo algunas flores son llevadas al altar lo cual no significa que no haya millones de flores bellas por todas partes. Así los santos: solo algunos son llevados al altar pero tú suscitas santidad por todas partes. Bendito seas.

2 DE NOVIEMBRE — CONSOLADOR

(Solemnidad de los fieles difuntos)

Espíritu Santo Consolador, hoy quisiera pedirte por todos los difuntos y por aquellos que han perdido a un ser querido: acompaña a los esposos que se han quedado solos, a los huérfanos, a los padres que han perdido a su hijo, a los que hoy vieron la muerte en su propia familia. Consuela a los tristes, a los que han tenido otro género de pérdidas: los que han sufrido traición, los que han sido engañados, los enfermos con enfermedades terminales, los niños de la calle, los ancianos abandonados. Consuélalos a todos sin excepción.

3 DE NOVIEMBRE — CORAZÓN DE PIEDRA

Espíritu Santo, tú me conoces, tú escrutas mis pensamientos, mis sentimientos, y sabes que a veces soy muy exigente con los demás, los juzgo y los trato con dureza. Tú que eres el Amor en persona, dame un corazón de carne (Ez 36, 26), arranca de mí ese corazón de piedra que no trata y que no ama a los demás como tú los amas. Toma mi corazón, dame el de Jesús.

4 DE NOVIEMBRE — GRACIAS

Mira todo lo que tienes al alcance o que se te venga a la memoria: familiares, amigos, compañeros de estudio o de trabajo, tu cuerpo, tus pertenencias, tu historia, el viento, la luz, las nubes… Todo lo que veas, escuches, toques o recuerdes. Y conforme pasen estas cosas por tu mente, dile al Espíritu Santo, el dador de todos los dones: ¡Gracias! Uno por uno y con toda calma: ¡Gracias!

5 DE NOVIEMBRE —
ME HE VUELTO SORDO

Espíritu Santo, al principio el hombre oía todo el día la voz de Dios. Con el pecado se volvió sordo. Yo también experimento esta sordera. A veces te escucho, a veces no. Cuando no te escucho, no te sigo. Cuando no te sigo, me pierdo. Espíritu Santo, si no te escucho, si me vuelvo insensible e indiferente a tu palabra, te suplico que no dejes de hablarme. Háblame aunque sea con voz de trueno que me sacuda y me llame a la conversión.

6 DE NOVIEMBRE — SUCIO

¿Te sientes sucio? Pregúntate por qué y pídele al Espíritu Santo que te dé la humildad para aceptar tu error, pedirle perdón y ser purificado por Él en el Sacramento de la confesión. Cuando salgas de confesarte, pídele al Espíritu Santo que te ayude a no volver a pecar, no pretendas lograrlo solo, necesitas de Él.

Ahora mismo puedes entablar este diálogo con el Espíritu Santo. Y en adelante, hazlo siempre que te sientas sucio o que algo te robe la paz. Puede tratarse de pensamientos, palabras, obras u omisiones.

7 DE NOVIEMBRE — PIERDO LA CALMA

Espíritu Santo, ¡con qué facilidad pierdo la calma! Estoy tranquilo y de pronto pierdo el control por una llamada que no me responden, por tener que esperar en el coche a los que de nuevo llegan con retraso, por una persona que camina con torpeza y estorba el paso, porque no preparan la comida como a mí me gusta... Cosas sencillas e intrascendentes que me hacen explotar. Y cuando exploto pierdo yo y sufren los que están a mi lado. Líbrame de la impulsividad, la impaciencia, la intolerancia, quiero ser amable, apacible y comprensivo, una persona que no pierda la calma, con un gran dominio de mí mismo. Que lo que sucede fuera no afecte mi paz interior; más bien que mi corazón pacífico domine mis tendencias impulsivas. Espíritu Santo, hazme un instrumento de tu paz.

8 DE NOVIEMBRE — DUDAS

Espíritu Santo, he aprendido que es normal tener dudas y preguntas, más aún, es mala señal no tenerlas. Sentirme demasiado seguro de mí mismo, creer que todo lo sé, todo lo puedo, todo lo preveo, todo lo controlo, es signo de soberbia y autosuficiencia. La seguridad absoluta está reservada a Dios. Mi certeza la tengo en ti, en tu amor incondicional. De eso no puedo dudar. Lo demás, confío que me lo irás revelando en el camino, me ayudarás a tomar las mejores decisiones, me darás la fuerza para afrontar los problemas, me darás paciencia para encajar los golpes. Si te tengo a ti, me siento seguro, aunque tenga dudas y preguntas.

9 DE NOVIEMBRE — ALABANZA DE GLORIA

(Fiesta de Isabel de la Trinidad)

Espíritu Santo, quiero ser alabanza de tu gloria. Que al pulsar mi lira, vibre al unísono contigo y arranques de mí armonías divinas. Que no me deje dominar por mis pasiones y deseos, que no me preocupe de mi sensibilidad, que no me entretenga en pensamientos inútiles, dispersaría mis fuerzas y no estaría totalmente orientado a Dios. Que no haya más disonancias en mí, que no me reserve ya nada en mi reino interior, sino que tenga mis potencias recogidas sólo en ti. Lléname de tu amor y que mi amor ininterrumpido hacia Dios unifique mis criterios, mis sentimientos y acciones, enderezándolos y dirigiéndolos hacia la gloria de Dios. Que muera a cuanto no seas tú para vibrar solo a impulsos de tu toque divino; que no haya más alboroto en mí. Disponibilidad, docilidad, flexibilidad, pasividad: esta es la actitud que ha de darse en mí a fin de que tu toque sobre las cosas y los acontecimientos sea siempre para gloria de Dios. Para lograrlo tendré que estar afinando y templando constantemente las cuerdas todas de mi ser (Flp 1,9-11). Estoy dispuesto, con tal de ser una alabanza de gloria: alma silenciosa que permanece como una lira bajo tu toque misterioso para que produzcas armonías divinas. Sé bien que el sufrimiento es una cuerda que produce los más dulces sonidos. Por eso deseo tenerla en mi instrumento para conmover más tiernamente el corazón de mi Dios.

(Oración inspirada en textos de Isabel de la Trinidad)

10 DE NOVIEMBRE — EL SANTIFICADOR

Espíritu Santo, no soy yo el que me santifico a base de mucho esfuerzo. Eres Tú el Santificador, el artífice de mi santificación. Yo el barro, tú el Alfarero. Yo la piedra, tú el Artista. Yo la tierra, tu gracia la semilla, tú el jardinero. Quiero ser dócil arcilla en tus manos, quiero recuperar la semejanza perdida; modélame conforme a la imagen de Jesús.

11 DE NOVIEMBRE — CIELO

Espíritu Santo, no me importa vida larga o corta; aunque preferiría que no fuera demasiado larga y que en mi vejez no diera trabajo ni problema a nadie. Lo que sí te pido es que, cuando el sol de mi vida se ponga ante el mundo, amanezca de inmediato a una nueva vida contigo. Tú sabes cuánto anhelo el cielo, porque anhelo estar contigo y permanecer en ti, amándote y adorándote para siempre, sin posibilidad de perderte.

12 DE NOVIEMBRE — HERIDO

Espíritu Santo, tengo heridas, tú bien sabes que tengo heridas. Algunas profundas otras más superficiales; algunas que vienen de lejos, otras más recientes. Algunas han sanado, otras siguen sangrantes y duelen tanto… Llevo heridas morales, psicológicas y físicas. Úngeme, derrama el aceite de tu amor en mi corazón herido.

Ven Espíritu Santo, sáname, sana todas mis heridas y déjame solo herido de amor por ti.

13 DE NOVIEMBRE — ESCONDIDO

Espíritu Santo, sé que te gusta andar escondido, pero necesito verte. Dame el don de descubrirte en todas partes: En la belleza de la cascada, en la originalidad del escritor, en la creatividad del pintor, en la finura del escultor, en el ingenio del mecánico, en la sensibilidad del catador, en el buen sazón del cocinero, en la nobleza del anciano, en la donación de la madre, donde quiera andas tú... Dame el don de la fe viva para reconocerte en todas partes.

14 DE NOVIEMBRE — EXPERIENCIA

Espíritu Santo, primero te conocía de oídas, luego supe cosas sobre ti, ahora te conozco a ti. A base de estar juntos un rato cada día, puedo decir que ya te conozco personalmente: te conozco por experiencia, con ese conocimiento que se adquiere por el trato. Cada vez que escucho la Palabra de Dios te escucho a ti, cada vez que permanezco en atención amorosa en la oración, te miro a ti, cada vez que participo en la misa y me confieso siento tu presencia que como acequia de riego me acerca las gracias de Cristo Redentor. Quiero seguirte tratando con frecuencia, quiero conocerte cada vez mejor y llevarte siempre en mí: ser una sola cosa contigo.

15 DE NOVIEMBRE — EUCARISTÍA

(Fiesta de San Alberto Magno)

Tú inspiraste estas palabras a San Alberto Magno sobre la Eucaristía: «¿Qué puede haber más dulce que aquello en que Dios nos muestra toda su dulzura? La vida eterna viene a ser una continuación de este sacramento, en cuanto que Dios penetra con dulzura en los que gozan de la vida bienaventurada».

Te suplico, Espíritu Santo, me concedas la gracia de valorar la Santa Eucaristía. Que acuda a saborear con frecuencia su dulzura y así anticipar y gozar ya de alguna manera la eternidad que tanto deseo.

16 DE NOVIEMBRE — EL MODELO

Espíritu Santo, fuimos hechos a imagen y semejanza de Dios. Conservamos la imagen, perdimos la semejanza. Tú tienes la misión de recuperar en nosotros la semejanza, ese es el trabajo de purificación y de santificación que llevas a cabo a lo largo de toda nuestra vida. Desde nuestra perspectiva, trabajas lentamente; se nos olvida que tú eres eterno y que aquello que alcanzamos a percibir es limitado. Hazme dócil a tu acción, quiero dejarme modelar y que al final de mi vida me presentes al Padre como otro Cristo.

17 DE NOVIEMBRE — ORDEN

Espíritu Santo, cuando al principio reinaba el caos en el universo, te hiciste presente revoloteando sobre las aguas y estableciste el orden (cf. Gen 1, 2). Cuando vino de nuevo el caos provocado por el pecado, que destruyó la comunión de los hombres con Dios y de los hombres entre sí, reaccionaste reuniendo al pueblo de Dios en la Iglesia. En el episodio de la Torre de Babel (cf. Gen 11, 1-17) el orgullo de los hombres provocó la confusión, nacieron diversas lenguas y no podían entenderse; en Pentecostés sucedió todo lo contrario: las diversas lenguas no eran impedimento para recibir tu mensaje, sino que hiciste que cada uno te escuchara en su propio idioma a través de los Apóstoles (cf. Act 2, 1-13).

Espíritu Santo, quiero pedirte que vengas a mi corazón y restablezcas la paz, que traigas la unión a mi familia, que pongas orden en mi comunidad y en mi país, y que reine la armonía entre todas las naciones.

18 DE NOVIEMBRE —
TEMPLO DEL ESPÍRITU SANTO

Soy capaz de ti, Espíritu Santo ¡Capaz de ti! ¿Acaso se puede tener mayor dignidad? Soy el templo donde tú habitas. Tú me habitas... ¿Acaso se puede poseer mayor riqueza?

Concédeme contar siempre con tu presencia en mi alma, nunca me dejes, por más que yo te ignore. Ayúdame a valorarte, a velar tu presencia, gustar tu presencia, amar tu presencia.

19 DE NOVIEMBRE — OMISIÓN

Espíritu Santo, te pido perdón por mi pecado de omisión. Tú me has confiado tantos talentos (cf. Mt 25, 14-30) y creo que no los he administrado bien. Sé que nunca es tarde, mientras haya vida hay oportunidad de conversión. Quisiera administrar mejor los talentos que me has dado, en particular estoy pensando en... Ayúdame, sé que con tu gracia todo lo puedo.

20 DE NOVIEMBRE — POR EL SACERDOTE

Espíritu Santo, te pido por el sacerdote que nos celebra la misa, concédele ser siempre un hombre fervoroso, llénalo de unción para que celebre cada misa como si fuera su primera misa, su única misa y su última misa. Que amemos más a Cristo Eucaristía con sólo verle celebrar.

21 DE NOVIEMBRE — OFRECIMIENTO

(Fiesta de la Presentación de la Santísima Virgen)

Espíritu Santo, hoy quiero hacer un acto formal de ofrecimiento de toda mi persona a ti y a la Santísima Virgen María. Acepto tu invitación a hacer de Jesucristo el centro, criterio y modelo de toda mi existencia. Quiero que Jesucristo reine en mi corazón. Por ello te suplico que me coloques en el seno de María,

Ella es el medio más seguro para ir a Jesucristo, por medio de ella reinará Cristo en mí.

En María nútreme con tu gracia. En María protégeme del enemigo. En María purifícame de todo pecado. En María hazme crecer conforme al modelo de Cristo. En María santifícame.

22 DE NOVIEMBRE — TÚ ERES AGUA

Espíritu Santo, veo agua continuamente, desde que me levanto hasta que me acuesto. Me limpio con agua, me nutro con agua, me refresco con agua. El agua me recuerda mi bautismo, cuando en virtud de tu fuerza nací a la vida divina. Tú eres el Agua viva que brota del manantial del costado de Cristo (cf. Jn 19,34). Hoy te pido lo que pidió la samaritana a Jesús junto al pozo de Jacob: Dame de esa agua que salta hasta la vida eterna (cf. Jn 4, 14). Aumenta mi vida de gracia.

23 DE NOVIEMBRE — SENTIDOS

Los sentidos necesitan los estímulos para actuar: los ojos la luz, el oído los sonidos, el olfato los olores, el gusto los sabores... Cuando no hay ningún olor, el olfato no puede ejercer su función propia y en la oscuridad los ojos permanecen inactivos. Así mi alma, te necesita a ti para despertar.

Ven Espíritu Santo, si tú no vienes a mí, no tendré la luz para conocer a Dios, no haré la experiencia de Su amor. Ven Espíritu Santo.

24 DE NOVIEMBRE — ORQUESTA

Estamos acostumbrados a ser los protagonistas: planear sueños, construir empresas, controlar procesos, lograr proyectos. Contigo, Espíritu Santo, las cosas son diferentes. Tú eres el Protagonista, tu creatividad es inmensa, tu poder es infinito, tu libertad absoluta. Tú eres el director de orquesta y nosotros músicos e instrumentos libres. Cuando seguimos tus instrucciones, sacas lo mejor de cada uno y disfrutamos una extraordinaria sinfonía. Lo que pides de nosotros es obediencia, docilidad, colaboración.

25 DE NOVIEMBRE — BAUTISMO

Espíritu Santo, las fuentes evocan el día de mi Bautismo. Disfruto pensar en lo mucho que tú gozaste aquél momento, con Dios Padre, con Jesús y con María, con mi Ángel de la guarda, mis papás y mis padrinos. Comencé mi historia de amistad contigo lleno de gracia, impregnado de tu presencia. Desde entonces has sido mi fiel compañero de camino. Hemos permanecido buenos amigos. Mientras voy de camino, quiero seguir escuchando las aguas del bautismo, quiero recordar y renovar aquel momento cuantas veces sea posible, en cada comunión, en cada confesión, en cada sacramento.

26 DE NOVIEMBRE — SIEMPRE NUEVO

Espíritu Santo, cuando leo comentarios de la Sagrada Escritura me maravilla encontrar siempre algo nuevo. Llevamos siglos meditando y comentando los mismos textos y siempre hay algo nuevo que quieres decirnos. Aun cuando las ideas sean las mismas, las leo una vez y me dicen una cosa, las leo después y me dices cosas nuevas. Tu Palabra es viva y eficaz (cf. Heb. 4,12), no está encadenada (cf. 2 Tim. 2,9). Permíteme que me acerque todos los días a esa fuente fecunda que es la Palabra de Dios. Que lo haga con oído atento, abierto y dócil a lo que quieras decirme.

27 DE NOVIEMBRE — CORAZÓN FIRME

Espíritu Santo, de tanto trabajar y luchar me viene el cansancio, se me acaban las fuerzas, siento que no puedo más. Así me imagino a Jesús camino al Calvario, cayó una, dos y tres veces; las tres veces se levantó, abrazó su cruz y siguió subiendo. Cuando yo esté así de cansado, pon en mis labios y en mi corazón el Salmo 107 y enséñame a rezar junto a Jesús: «Mi corazón está firme en el Señor» Que esta oración y el recuerdo de Cristo en su pasión me mantengan firme y fiel hasta morir en la raya.

28 DE NOVIEMBRE — TROPIEZOS

Espíritu Santo, a veces voy y vuelvo, decido y regreso, ando vacilando. Dudo, tropiezo, avanzo a trompicones. ¡Qué necedad! Si te tengo a ti, que eres la Luz, ¿qué necesidad de andar a tientas? Vivir en la luz es contar contigo, consultarte, escucharte, obedecerte. Espíritu Santo, dame la humildad para vivir en la luz y seguir siempre tus caminos.

29 DE NOVIEMBRE — COMO LA HOGUERA

Espíritu Santo, cuando enciendo la chimenea tengo que vigilarla y alimentarla; si no, se apaga. Así la hoguera que llevo dentro de mi corazón, que no es otra cosa que tu misma presencia. A veces siento que disminuye su fuerza. Allí estás, no te vas; como la brasa cubierta de ceniza. Te quiero, brasa ardiente, presencia fuerte, siempre viva, no cubierto de ceniza, a punto de morir de asfixia. No dejes que me aleje de la comunión y la confesión frecuentes, tu gracia sacramental despierta mi corazón profundo, los sacramentos son la manera de mantener la llama viva.

30 DE NOVIEMBRE — GRANADAS

Espíritu Santo, así como las granadas están protegidas por la sólida corteza, que ni se desprende por la violencia del viento ni por ninguna otra inclemencia, así también la Iglesia, protegida por tu poder y suspendida por la solidez de su fe en la cruz de Cristo, perdura con firme y estable perseverancia frente a todos los torbellinos del mundo en el árbol del que es fruto, es decir, en el leño de la cruz..., así también la Iglesia, aunque protegida por tu poder, Espíritu Santo, contiene, encerrada en sí, una multitud de creyentes.

Ven Espíritu Santo, protege a la Iglesia de Cristo, consérvala siempre unida.

(Oración inspirada en un texto
de San Gregorio de Elvira)

DICIEMBRE

1 DE DICIEMBRE — ¡VEN!

Abre las dos manos como un mendigo, ponlas sobre tus piernas, cierra los ojos, e invoca al Espíritu

Santo. *Con corazón humilde y sediento, repite suplicante por cinco minutos:* ¡Ven Espíritu Santo!

2 DE DICIEMBRE — PONER AMOR

Piensa en algo que sueles hacer sin ganas, de mala gana o a regañadientes, sin espíritu. El trato con una persona que no soportas, la constancia en algo que te cuesta, la delicadeza en tu relación con una persona querida, la obediencia a la autoridad, perseverar en tu vida de oración... Ahora dile al Espíritu Santo que quieres cambiar tu actitud, que te dé amor para poner amor en todo. Y así, en adelante, cuando detectes algo en que te falta poner espíritu, detente y dile al Espíritu Santo que te bendiga, que te llene de Su amor para poner amor en todo.

3 DE DICIEMBRE — SAGRARIO Y CUSTODIA

Espíritu Santo, hazme contemplativo, como un Sagrario que conserva dentro, que recoge en su corazón la experiencia viva de Jesús. Hazme también testigo, apóstol, como una custodia, que expone al mundo con su palabra y autenticidad de vida, la belleza y la grandeza del Hijo de Dios vivo.

4 DE DICIEMBRE — LECHE ESPIRITUAL

(Fiesta de San Juan Damasceno)

Tú, Señor, me sacaste de los lomos de mi padre; tú me formaste en el vientre de mi madre; tú me diste a luz niño y desnudo, puesto que las leyes de la naturaleza siguen tus mandatos. Con la bendición del Espíritu Santo preparaste mi creación y mi existencia, no por voluntad de varón, ni por deseo carnal, sino por una gracia tuya inefable. Previniste mi nacimiento con un cuidado superior al de las leyes naturales; pues me sacaste a la luz adoptándome como hijo tuyo y me contaste entre los hijos de tu Iglesia santa e inmaculada. Me alimentaste con la leche espiritual de tus divinas enseñanzas. Me nutriste con el vigoroso alimento del cuerpo de Cristo, nuestro Dios, tu santo Unigénito, y me embriagaste con el cáliz divino, o sea, con su sangre vivificante, que él derramó por la salvación de todo el mundo.

Aligera la pesada carga de mis pecados, con los que gravemente te ofendí; purifica mi corazón y mi mente; condúceme por el camino recto, tú que eres una lámpara que alumbra; pon tus palabras en mis labios; dame un lenguaje claro y fácil, mediante la lengua de fuego de tu Espíritu, para que tu presencia siempre vigile. Apaciéntame, Señor, y apacienta tú conmigo, para que mi corazón no se desvíe a derecha ni izquierda, sino que tu Espíritu bueno me conduzca por el camino recto y mis obras se realicen según tu voluntad hasta el último momento.

(Oración de San Juan Damasceno)

5 DE DICIEMBRE — LEY NUEVA

Espíritu Santo, como sucedía a San Pablo: «mi proceder no lo comprendo; pues no hago lo que quiero, sino que hago lo que aborrezco, (...) ya no soy yo quien obra, sino el pecado que habita en mí» (Rm 7, 15-17). Tengo pasiones fuertemente arraigadas: soberbia, egoísmo, sensualidad... Son fuerzas que me arrastran y me alejan de ti, como la resaca que me aleja de la playa. Te suplico que renueves mi corazón, que grabes en él la Ley nueva, que me haga ser y obrar siempre como lo haría Jesucristo.

6 DE DICIEMBRE — MI ROCA

Espíritu Santo, qué frágil soy. Por más fuerte que me sienta, sé que soy frágil y que de la manera y en el momento más inesperado puedo romperme: romperme físicamente, psicológicamente, moralmente. Tú eres mi roca, tú mi cimiento, tú mi fortaleza. Soy frágil, pero soy fuerte contigo. Que tu fortaleza se manifieste en mi debilidad.

7 DE DICIEMBRE — LLUVIA

(Fiesta de San Ambrosio)

Espíritu Santo, las Escrituras prometían una lluvia que, cuando viniera el Señor y Salvador, regaría el orbe con su rocío divino.

La lluvia eres Tú, Espíritu Santo. Es así que ya vino el Señor, vino también la lluvia, vino el Señor trayendo consigo las gotas celestes. Y por eso nosotros, los que antes estábamos sedientos, apagamos ya nuestra sed y con sorbos del corazón te bebemos.

Gracias por ser lluvia generosa que distribuyes todas las cosas «a cada uno según te parece» (1 Cor 12,11) Gracias por ser tan espléndido en tus dones conmigo.

(Oración inspirada en un texto de San Ambrosio)

8 DE DICIEMBRE — RÍO GENEROSO

(Solemnidad de la Inmaculada Concepción)

«La Caridad de Dios se ha derramado en nuestros corazones por el Espíritu Santo que se nos dio» (Rm 5,5). Espíritu Santo, al escuchar estas palabras de San Pablo me imagino que eres como un río generoso, el «río de la vida que mana del trono de Dios y del Cordero» (Ap 22, 1) que va bañando con su gracia todo lo que toca mientras pasa. ¡Por cuántos campos, por cuántos corazones has pasado a lo largo de la historia dejando tanta belleza a tu paso! La más grande de las bellezas: María, la Inmaculada Concepción.

Gracias, Espíritu Santo, porque también has pasado por mi existencia y me has bendecido tanto.

Te suplico que te sigas derramando sobre mí y dentro de mí. Quiero estar, como María, lleno de tu gracia.

9 DE DICIEMBRE — LOS POBRES

Espíritu Santo, quiero ser como los pobres: humildes, libres, sencillos, generosos, agradecidos, bondadosos... Desprovistos de tantas cosas y llenos de tus riquezas. Son personas bellas. La fe, su gran tesoro. Tú, su única seguridad. La Eucaristía, su fortaleza. La eternidad, su inmensa herencia. «Bienaventurados los pobres en el espíritu, porque de ellos es el Reino de los cielos» (Mt 5,3). También yo, Espíritu Santo, quiero ser pobre.

10 DE DICIEMBRE — CAMINO

Hoy está de moda buscar al Absoluto por caminos alternativos. Si Dios hubiese permanecido en silencio, sería comprensible que todas las formas de búsqueda quedaran abiertas. Pero si Dios nos habló y se reveló en Jesucristo, nuestro camino de retorno al Padre debemos hacerlo a través de Él. Espíritu Santo, enséñame el camino de Cristo, que no le traicione ni le ofenda aventurándome en búsquedas religiosas que lo desprecien, como si resultara insuficiente. Que tenga la humildad de abrazar la verdad que se hace patente en Cristo: mediador y plenitud de toda la revelación (cf. DV 2), Espíritu Santo, dame fe, conserva mi fe, aumenta mi fe cristiana.

11 DE DICIEMBRE — EL GRAN INCENDIO

Espíritu Santo, tú eres el Amor en persona. Si quieres construir la civilización del amor necesitamos que tú vengas y la instaures. Estamos acostumbrados a noticias de alcance mundial, a conquistas impresionantes de la ciencia y de la técnica, nos gustaría que así se realizara la gran conquista del amor y del bien sobre el odio y el mal. Pero tu estilo es diferente. Actúas como la levadura en la masa, lo poco que influye sobre lo mucho. Primero buscas instaurar el reino del amor en nuestros corazones, y a partir de pequeñas llamas de fuego, se provocará el gran incendio.
    ¡Venga tu Reino a mi corazón!

12 DE DICIEMBRE — LA TILMA DE JUAN DIEGO

(Fiesta de Nuestra Señora de Guadalupe)

¿Quién pintó la tilma de Juan Diego? Creo que fuiste Tú, Espíritu Santo. Tú, el que revela las bellezas de Dios, nos descubriste el rostro de María lleno de ternura. Tú le diste esa mirada compasiva. Tú la vestiste de sol. Tú la cubriste con un manto grande que serviría de escudo para la humanidad entera. Tú nos hablas todos los días a través de ella con mensajes maternales que nos llenan de confianza. Tú le inspiraste esas palabras que todos sus hijos necesitamos escuchar: «No se turbe tu corazón. ¿Acaso no estoy aquí yo, que soy tu madre? ¿No estás bajo mi sombra? ¿No soy tu salud? ¿No estás por ventura en mi regazo?» Donde está la Virgen María, la llena de gracia, allí estás Tú. Gracias, Espíritu Santo, gracias por mostrarme el rostro de María y por confiarme a su Corazón inmaculado.

13 DE DICIEMBRE — TIEMPO

La vida en el Espíritu es la eternidad que me alcanza. Tú, el Eterno presente, te hiciste presente en el tiempo. Eres descanso en el duro trabajo, brisa en las horas de fuego, calor en el alma, consuelo en el duelo. La vida sin ti, vacía, las horas eternas, el dolor, insoportable. Gracias por venir a mi tiempo, que también yo sea generoso, te dé mis mejores minutos para estar a solas contigo y servirte en mis hermanos.

14 DE DICIEMBRE — LLAMA DE AMOR

(Fiesta de San Juan de la Cruz)

«¡Oh llama de amor viva que tiernamente hieres de mi alma en el más profundo centro! Pues ya no eres esquiva, acaba ya, si quieres; ¡rompe la tela de este dulce encuentro!» (San Juan de la Cruz).

15 DE DICIEMBRE — MISERICORDIA

Espíritu Santo, en mi historia hay experiencias que me pesan. He cometido muchos errores. Pero no me hace bien recordarlos con sentido de culpa. Mejor lo entrego todo a la Divina Misericordia, porque tu amor es fuego que purifica; purifica mi memoria y mis heridas, purifica mi alma, la llena de esperanza. Espíritu de amor, hoy vengo a entregarte todo mi pasado, abraza mi miseria con tu Misericordia, acéptame, así como soy, en tu Sagrado Corazón.

16 DE DICIEMBRE — ME HUNDO

Han sido ya demasiadas pruebas, se me ha juntado todo, no soporto más. Esta vez sí siento que me hundo. Se me acabaron las fuerzas, estoy cansado de luchar. Pero recuerdo cuando Jesús llamó a Pedro mientras caminaba sobre aguas agitadas. Mientras Pedro confió en Jesús, se mantuvo erguido (cf. Mt 14, 29). Cuando se miró a sí mismo, comenzó a hundirse. Dame confianza, Señor. Enséñame a caminar sobre aguas agitadas sin hundirme.

17 DE DICIEMBRE — RECALCULANDO

Espíritu Santo, ¿cómo haces para llevar a cabo tus planes si somos libres para decidir? Hoy que iba en el coche encontré la respuesta: recalculando. Puse el GPS para llegar a mi destino, no siempre seguí la ruta marcada, unas veces por error, otras porque me pareció mejor tomar otra calle, otras porque un coche averiado, un accidente y un policía me impidieron seguir las indicaciones. Cada vez que cambiaba la ruta se escuchaba una voz que decía: recalculando.

Creo que así te pasa a ti con nosotros, a cada rato tienes que estar recalculando. Gracias por respetar la libertad humana, pero, por lo que más quieras, al final de mi vida no dejes de colocarme en mi destino: la casa del Padre.

18 DE DICIEMBRE — EL SEÑOR ES MI PASTOR

Espíritu Santo, todos los salmos son bellos, pero el salmo del buen pastor es extraordinariamente bello. Para muchos es nuestro salmo preferido, hasta lo hemos aprendido de memoria. Hoy quiero rezarlo con un fervor particular, quiero sentirlo a fondo, que Dios me hable mientras yo le hablo a Él. ¡Ven, Espíritu Santo! Inflama mi mente y mi corazón mientras lo pronuncio.

El Señor es mi pastor, nada me falta: en verdes praderas me hace recostar; me conduce hacia fuentes tranquilas y repara mis fuerzas; me guía por el sendero justo, por el honor de su nombre. Aunque camine por cañadas oscuras, nada temo, porque tú vas conmigo: tu vara y tu cayado me sosiegan. Preparas una mesa ante mí enfrente de mis enemigos; me unges la cabeza con perfume, y mi copa rebosa. Tu bondad y tu misericordia me acompañan todos los días de mi vida, y habitaré en la casa del Señor por años sin término.

19 DE DICIEMBRE — COHERENCIA

Espíritu Santo, tú inspiraste a Santa Catalina de Siena esa exhortación que tanto me gusta: «Si sois lo que tenéis que ser prenderéis fuego al mundo entero». Es un llamado a la coherencia de todo bautizado. Tú mejor que nadie conoces el letargo e indiferencia que hay en tantos sectores de la Iglesia. Hoy te suplico que nos concedas despertar, ser coherentes, ser lo que tenemos que ser, para que a través nuestro prendas fuego al mundo entero.

20 DE DICIEMBRE — CAMBIO DE PLANES

Espíritu Santo, a las esposas y madres de familia todos los días se les cambian sus planes. Basta que el niño amanezca enfermo, o que al marido le salga un viaje de trabajo, o que el lunes no llegue la cocinera y todos los planes se vienen abajo. ¡Qué difícil vivir abierto a que cambien mis planes! Y parece que a ti te gusta improvisar o será que no acabo de acostumbrarme a que tú eres el Señor de la historia. Te lo confieso, me cuesta mucho cuando me cambias los planes, pero hoy quiero confirmarte que cuentas conmigo. Solo te pido que me ayudes a tener la humildad y la docilidad para ser flexible.

21 DE DICIEMBRE — QUE NO ME CANSE

Espíritu Santo, que no me canse de luchar, que no me canse de esperar, que no me canse.

Tú eres mi esperanza, en ti he puesto mi confianza. Me basta saber que tú eres el Señor de la historia para seguir adelante. Tú tienes tus tiempos, tus tiempos son perfectos. La hora de Dios llegará.

22 DE DICIEMBRE — EN TI

Espíritu Santo, en ti nació, murió y resucitó Jesús. En ti vivió, actuó y creció Jesús. En ti se forjó el Hombre-Dios. En ti, la Palabra del Padre habló a los hombres. En ti nos trazó el Camino a la vida eterna. En ti nos reveló Jesús el misterio del Padre. En ti es savia que da vida por los Sacramentos, y por una misteriosa condescendencia de amor infinito, también nosotros, en ti vivimos, nos movemos y existimos.

23 DE DICIEMBRE — DOS

Espíritu Santo, la contemplación del misterio de la encarnación me enseña que dos personas son indispensables para concebir a Jesús: Tú y María. Jesús es fruto del cielo y de la tierra. Quiero que Jesús nazca en mí.
    Por eso hoy quiero invocarlos a los dos juntos. Ven, Espíritu Santo, tú eres el Santificador, partícipame de la vida de Cristo, que por tu inmenso poder, Cristo nazca, crezca y viva en mí. Ven con Él, María, tú eres la cooperadora de Dios para la venida de Jesús; forma a Cristo en mí. Entre los dos, conduzcan mi vida espiritual, tracen los rasgos de Jesús en mi alma.

24 DE DICIEMBRE — TANTA BELLEZA

Espíritu Santo, me confunde que alguien como tú, alguien con tanta belleza se haya fijado en mí. ¿Cómo es que ves mi pequeñez con tanto amor y tanta bondad? No entiendo. No entiendo, pero acepto. Confundido y humillado, acepto.

25 DE DICIEMBRE — BIEN DISPUESTO

(Solemnidad de la Natividad del Señor)

Espíritu Santo, tú que preparaste para el Señor «un pueblo bien dispuesto» (Lc 1,17) prepara mi corazón para recibir a Jesús, como lo hicieron María, José y los pastores. Quiero estar bien dispuesto para acogerlo como merece, para adorarlo, para darle amor. Hoy que reciba la Sagrada Comunión ayúdame a apropiar los sentimientos y las actitudes de la Virgen María en la cueva de Belén.

26 DE DICIEMBRE — MI VIÑA

Espíritu Santo, tú inspiraste al Profeta Isaías el Canto de amor a tu viña. Hoy quiero escucharte a ti cantando este canto de amor a la viña de mi corazón:

«Voy a cantar a mi amigo la canción de su amor por su viña. Una viña tenía mi amigo en un fértil otero. La cavó y despedregó, y la plantó de cepa exquisita. Edificó una torre en medio de ella, y además excavó en ella un lagar. Y esperó que diese uvas, pero dio agraces. Ahora, pues, habitantes de Jerusalén y hombres de Judá, venid a juzgar entre mi viña y yo: ¿Qué más se puede hacer ya a mi viña, que no se lo haya hecho yo? Yo esperaba que diese uvas. ¿Por qué ha dado agraces?» (Is 5,1-4)

Me duele reconocer la falta de correspondencia a tu amor, y créeme que procuraré darte más amor, pero me consuela mucho haber probado tantas veces tu paciencia y tu comprensión conmigo, y estar seguro de que esta vez de nuevo me dirás: «Y aún así te sigo amando igual».

27 DE DICIEMBRE — PAZ INTERIOR

(San Juan Apóstol y Evangelista)

Espíritu Santo, necesito paz interior. Después de buscarla en tantos lados he llegado a la conclusión de que solo tú das una paz profunda y duradera. Tú eres la fuente de paz. Fui hecho para Dios y mi alma estará inquieta hasta que descanse en Dios.

Concédeme ser un hombre de oración, llévame a descansar en el pecho de Jesús, como Juan en la última cena, y también a ser un descanso para Él.

28 DE DICIEMBRE — FERVOR

Espíritu Santo, cuando pongo a calentar el agua llega un punto en que comienza a hervir. Me siento mal porque en mi oración no siempre es así, a veces experimento un fervor sensible, hay gozo, lágrimas, siento bonito. Cuando me des fervor te daré las gracias, cuando no, también. Aunque no siempre me acompañen los sentimientos en la oración, quiero pedirte que nunca permitas que pierda la fe. Sé que la fe es lo que importa en la oración, la confianza, el amor. Te lo suplico, Espíritu Santo, sé que te lo he pedido ya muchas veces, pero no me canso de hacerlo de nuevo: aumenta mi fe.

29 DE DICIEMBRE – ALEGRÍA

Espíritu Santo, tú sabes que me molesta que me deshagan mis planes cuando ya los tengo bien armados, o que me pidan cosas que ocupen el tiempo reservado para eso que más me gusta. Hoy quisiera suplicarte que me des la generosidad para servir siempre con alegría. Ayúdame a superar el temor de que pidan mi colaboración, a vencer el egoísmo de considerar intocables mis tiempos personales. Quiero terminar los días cansado, pero con un cansancio feliz, con la felicidad que da el haber servido con alegría, aunque no me lo agradezcan.

30 DE DICIEMBRE – INVISIBLE

Espíritu Santo, qué duro es ser invisible para los demás. Me gusta que reconozcan mi esfuerzo, mis ideas, mis obras, mis logros. Si los otros no dicen nada ni lo agradecen, aprovecho cualquier oportunidad para decir que fui yo. Tú eres el que más obra en el mundo y en las personas, el dador de todo don, el Señor de la historia, y siempre pasas desapercibido. Te gusta ser invisible. ¡Cuánto tengo que aprender de ti!

31 DE DICIEMBRE — FECUNDIDAD

Espíritu Santo, Jesús nos dijo: «Os he destinado para que vayáis y deis fruto y que vuestro fruto permanezca» (Jn 15,16). Al hacer un balance de mi vida encuentro muchas cosas buenas, pero no me siento satisfecho. Yo quisiera ser fecundo, con la fecundidad de Cristo crucificado que con su obediencia al Padre redimió a la humanidad, aunque a los ojos de los hombres murió como un fracasado. Fecundo como María, mujer pobre y sencilla, que solo ofreció su pequeñez, removió todo obstáculo y el fruto de su vientre fue el más grandioso: el Hijo de Dios. Fecundo como José, que en su humildad y silencio, dejó para todos los tiempos un testimonio elocuente de fidelidad y servicio. Fecundo como San Pablo, que esparció la semilla de la Palabra y tú diste vida espiritual a millones de personas. Fecundo como millones de católicos desconocidos que viven la fe y la caridad cristiana en su vida ordinaria dando así mucha gloria a Dios y engendran nuevos hijos de la Iglesia.

Quiero ser fecundo, fertiliza mi vida, lléname de tu gracia. No importa que no vea los frutos, no son míos sino tuyos, no son para mi gloria, sino para la tuya. Que al final de mi vida encuentres en mi viña abundancia de frutos dulces agradables al Padre (cf. Is 5,4).

APÉNDICE 1

PALOMA (BAUTISMO DEL SEÑOR)

Espíritu Santo, cuando Cristo salió del agua de su bautismo, tú bajaste y te posaste sobre Él en forma de paloma (cf. Mt 3,16). Así, en mi bautismo, tú descendiste y te posaste como una paloma en mi corazón purificado. Me hiciste tierra habitable de nuevo como cuando la paloma de Noé volvió con una rama tierna de olivo en el pico (Cf. Gn 8,8-12). Quiero pedirte que aquí te quedes conmigo, reposa en mi corazón, por mi parte espero atenderte como mereces.

RAMOS (DOMINGO DE RAMOS)

Espíritu Santo, el ramo de olivo que hoy alzo con mis manos habla de la paz que Jesús vino a traerme con su reinado. Hoy quiero sumarme a toda la comunidad eclesial para vitorearlo públicamente como mi Rey y Señor. Llevo el ramo bendecido a mi casa como signo exterior de que he optado por seguirlo. Lo conservo a la vista sobre un crucifijo como sacramental que indica la bendición y protección de Jesucristo en nuestro hogar. Que esta celebración no se quede en un acto aislado del año litúrgico, que sea capaz de reconocer su soberana presencia en todo, que busque encontrarlo, que viva en comunión con Él y así mi vida sea testimonio de su reinado.

TESTIGO (JUEVES SANTO)

Espíritu Santo, qué duro debió ser para Jesús cuando Pedro lo traicionó negando conocerlo tres veces consecutivas. Tuvo miedo y prefirió negarlo antes que exponerse. También yo he negado a Jesús. También a mí me ha dado vergüenza dar testimonio de Él en ciertos ambientes. Tampoco yo he salido siempre en su defensa. Y Jesús se ha sentido rechazado y traicionado por mí. Espíritu Santo, hoy vengo a pedirte valor, valor para dejarme mirar a fondo por la mirada de Cristo que pasa, valor para ser un buen amigo, un buen testigo, esté donde esté, esté con quien esté. Dame valor para ser siempre testigo de Cristo y defensor de mi Amigo.

CRISTO CRUCIFICADO (VIERNES SANTO)

Espíritu Santo, hoy quiero mirar de modo diferente el crucifijo. No quiero quedarme en el crucifijo, sino transportarme al Calvario. Quiero ver a Cristo crucificado como lo viste tú en aquél momento. Al percibir su sed lo consolaste con la presencia de su

Madre, la de Juan, de María la de Cleofás y María Magdalena. Le llevaste al Calvario cristianos sedientos para aplacar su sed, corazones generosos para darle amor, discípulos humildes para adorarlo, apóstoles audaces para dar testimonio de su fe. Así quiero ser con Cristo crucificado: como tú, Espíritu Santo; también yo quiero aliviar un poco su dolor.

CALENDARIO DE ORACIONES

Enero

1 Molde
2 Obras
3 Hoja en blanco
4 Tristeza
5 Nudos
6 El Intérprete
7 Entendimiento
8 Misioneros
9 Mi familia
10 Gloria
11 Palabra
12 Nuevo ardor
13 Unidad
14 Herida profunda
15 Cimientos
16 Pecadores
17 Presencia
18 Gracias, Padre
19 Purificación
20 Sin límites
21 Adolescentes
22 Centro
23 Debilidad
24 Girasol
25 Calma
26 Perseverancia
27 Suavidad
28 Pan de los ángeles
29 Sorpresas
30 Viento impetuoso
31 Criatura nueva

Febrero

1 Rocío
2 Simeón
3 Injerto
4 Buen Samaritano
5 Vida ordinaria
6 Apertura
7 Timonel
8 Encuentro
9 Claridad
10 Cicatrices
11 Consagración Mariana
12 Tu tienda
13 Derrotado
14 Comunión
15 Espíritu Creador
16 Crucifijo
17 Futuro
18 Paciencia
19 Creo
20 ¿Quién le dio fortaleza?
21 Fuego dentro
22 Papa
23 Totalmente
24 Alas
25 Disfrutar
26 ¿Qué es el hombre?
27 A fondo
28 A la hora de mi muerte
29 Ojos profundos

Marzo

1. Inspiración
2. Cascada
3. Divisiones
4. Mientras caminas
5. Sabiduría
6. Usado
7. Fracaso
8. Cincel
9. Enfermo
10. Unción
11. Amor
12. Turbación
13. Lámpara encendida
14. Liberación de ataduras
15. Se secan
16. Renovación matrimonial
17. Una persona
18. Grande y admirable
19. San José
20. Prohibido
21. Pregúntale
22. Perdón
23. Estar
24. Siempre fiel
25. María
26. Hoy
27. Tu jardín
28. Eco
29. Cuerdas
30. Abogado
31. Inspírame

Abril

1. Examen
2. Ancianos
3. Árbol
4. Escucha
5. Tu mirada
6. Purifica mi memoria
7. Arrojo
8. La estrella
9. Servir
10. Alfarero
11. No lo soporto
12. Seguridad
13. Niebla
14. Resurrección
15. Sagrada Escritura
16. Confesión
17. Medio lleno
18. Vida acelerada
19. Abandono
20. Por los más necesitados
21. Mi alegría
22. Llagas
23. Temor de Dios
24. Brasa ardiente
25. Buen olor
26. Tranquilo
27. Seguir esperando
28. Todo tuyo
29. Ser
30. El mismo poder

Mayo

1. ¿Dónde estás, fuente?
2. Creación
3. Lengua
4. Hijos
5. La fuerza de tu amor
6. Tal cual soy
7. Ahora
8. Vamos arando
9. No te entiendo
10. Semejanza
11. Piedad
12. Estrellas
13. Fátima
14. Liberación
15. Fuerza
16. Creatividad
17. Otra vez: gracias
18. Oxígeno
19. Ven Espíritu Divino
20. Perdonar a todos
21. Transparencia
22. Desesperados
23. Aceite
24. Perenne liturgia
25. Mucho vino
26. Ecos
27. Brisa
28. Soledad
29. Burbuja
30. No hay caminos
31. Imperio de la alegría

Junio

1. Permanente
2. Humo
3. Piedra de río
4. Problemas
5. Cuando leo la Biblia
6. Creo en el Espíritu Santo
7. Pozo
8. Esposas y madres
9. Enojado con Dios
10. Humillación
11. Salvación
12. Río fecundo
13. Todos
14. Hojas medicinales
15. Gracias por…
16. Al despertar
17. Renuévame
18. Fortaleza
19. Comulgar
20. Polen
21. Ya te vi
22. Transparencia del Espíritu Santo
23. Estoy cansado
24. Ventana
25. Sinergia
26. Caricia
27. Maestro
28. Agua
29. Nueva evangelización
30. Invocación

Julio

1. Silencio
2. Esclavo
3. Pruebas
4. Seco
5. Salmos
6. Rayo de luz
7. Manos
8. Todo
9. Un beso
10. Consejo
11. Privaciones voluntarias
12. Roto
13. Un velo
14. Mis ojos
15. Iniciativas
16. Alzando velas
17. Concha
18. Pantano
19. Verde
20. Humildad
21. Agua viva
22. Llévame
23. Adaptación
24. Fuego
25. Hombros
26. Fuerte
27. Tu rostro
28. Me sé aceptado
29. Hospedar
30. Cristiano
31. Alma de Cristo

Agosto

1. Mano en el pecho
2. Barniz
3. Miedo
4. Sacerdotes
5. Acompañar
6. Transfiguración
7. Cántaro
8. Feliz
9. Cruz
10. Has sabido esperarme
11. Pobreza
12. Reino
13. Mi buen samaritano
14. Como el río
15. Acércame a María
16. Ciencia
17. Tienda del encuentro
18. Barreras
19. Prójimo
20. Amo por amar
21. Consagradas
22. María Reina
23. Aceptación
24. Dios sabe
25. Momento presente
26. Como brasa ardiendo
27. Descienda tu lluvia
28. Cosas santas
29. Luces y sombras
30. ¿Quién fue?
31. Soplo

Septiembre

1 Biblia
2 Amar mucho
3 Palabra secreta
4 El sonido del silencio
5 Hot spot
6 Pregunta
7 El Espíritu de Jesús
8 El don de la vida
9 Me cuidas
10 Gravedad
11 Sed
12 Hoy te quiero cantar
13 Zarza ardiente
14 Incienso
15 La mirada de María
16 La mejor casa
17 Nacer de nuevo
18 El dedo
19 Rosario
20 Van y vienen
21 Te pido por él
22 Sin palabras
23 Cireneo
24 Tus hijos
25 Carismas
26 Control
27 De compras
28 Castillo interior
29 Mi guía
30 Escritura

Octubre

1 Mi vocación es el amor
2 Ángel de mi guarda
3 Llama
4 Hermano sol
5 Conversión
6 Rico en misericordia
7 Wifi
8 No puedo más
9 Transformante
10 Invócalo
11 Espacios del amor
12 No fui yo
13 Nube
14 Sed de perdón
15 Getsemaní
16 Sagrado Corazón
17 Jesucristo
18 Despierta
19 Ruinas
20 Energía
21 Enviado
22 Gracias, Jesús
23 Demasiado
24 ¿Cómo sé que viene de ti?
25 Espiritual
26 Cirio
27 Te escucho
28 Escuchar
29 Pérdidas
30 Envidia
31 Mendigo

Noviembre

1. Flores comunes
2. Consolador
3. Corazón de piedra
4. Gracias
5. Me he vuelto sordo
6. Sucio
7. Pierdo la calma
8. Dudas
9. Alabanza de gloria
10. El Santificador
11. Cielo
12. Herido
13. Escondido
14. Experiencia
15. Eucaristía
16. El modelo
17. Orden
18. Templo del Espíritu Santo
19. Omisión
20. Por el sacerdote
21. Ofrecimiento
22. Tú eres agua
23. Sentidos
24. Orquesta
25. Bautismo
26. Siempre nuevo
27. Corazón firme
28. Tropiezos
29. Como la hoguera
30. Granadas

Diciembre

1. ¡Ven!
2. Poner amor
3. Sagrario y custodia
4. Leche espiritual
5. Ley nueva
6. Mi roca
7. Lluvia
8. Río generoso
9. Los pobres
10. Camino
11. El gran incendio
12. La tilma de Juan Diego
13. Tiempo
14. Llama de amor
15. Misericordia
16. Me hundo
17. Recalculando
18. El Señor es mi pastor
19. Coherencia
20. Cambio de planes
21. Que no me canse
22. En ti
23. Dos
24. Tanta belleza
25. Bien dispuesto
26. Mi viña
27. Paz interior
28. Fervor
29. Alegría
30. Invisible
31. Fecundidad

APÉNDICE 2

Paloma (Bautismo del Señor)
Ramos (Domingo de Ramos)
Testigo (Jueves Santo)
Cristo Crucificado (Viernes Santo)

FIESTAS LITÚRGICAS VARIABLES

Navidad
Bautismo de Jesús (Paloma, apéndice).

Cuaresma
Miércoles de Ceniza (Privaciones voluntarias, 11 de julio).

Semana Santa
Domingo de Ramos (Ramos, apéndice)

Jueves Santo (Testigo, apéndice)

Viernes Santo (Cristo Crucificado, apéndice)

Sábado Santo (¿Quién le dio fortaleza? 20 de febrero)

Pascua
Domingo de Pascua (Resurrección, 14 de abril)

Domingo de la Divina Misericordia (Misericordia, 15 de diciembre)

Domingo del Buen Pastor (El Señor es mi pastor, 18 de diciembre)

Ascensión del Señor (Nube, 13 de octubre)

Pentecostés (Ven Espíritu Divino, 19 de mayo)

Tiempo ordinario

Santísima Trinidad (Tienda del encuentro, 17 de agosto)

Corpus Christi (Pan de los Ángeles, 28 de enero)

Sagrado Corazón de Jesús (Sagrado Corazón, 16 de octubre)

Inmaculado Corazón de María (Río generoso, 8 de diciembre)

Cristo Rey (Reino, 12 de agosto)

ÍNDICE TEMÁTICO (MES/DÍA)

Abandono
1. Cireneo 9/23
2. Una persona 3/17
3. Futuro 2/17
4. Nudos 1/5
5. Problemas 6/4
6. Abandono 4/19
7. No te entiendo 5/9
8. Enojado con Dios 6/9
9. Aceptación 8/23
10. Ruinas 10/19
11. Dudas 11/8
12. Invocación 6/30
13. Que no me canse 12/21
14. No hay caminos 5/30

Aceptación personal
1. Me sé aceptado 7/28
2. Tal cual soy 5/6
3. Envidia 10/30

Alabanza
1. Hermano sol 10/4
2. Alabanza de gloria 11/9
3. Vida Ordinaria 2/5
4. Al despertar 6/16
5. Perenne liturgia 5/24
6. Obras 1/2

Alegría
1. Mi alegría 4/21
2. Tristeza 1/4
3. Feliz 8/8

Apostolado
1. Nueva evangelización 6/29
2. Reino 8/12
3. Fuego dentro 2/21
4. Arrojo 4/7
5. Nuevo ardor 1/12
6. Enviado 10/21
7. Viento impetuoso 1/30
8. Sagrario y custodia 12/3
9. Fecundidad 12/31

Autenticidad
1. Ser 4/29
2. Barniz 8/2
3. Coherencia 12/19

Ayuno
1. De compras 9/27
2. Privaciones voluntarias 7/11

Bautismo
1. Bautismo 11/25
2. Paloma (apéndice)

3. La mejor casa 9/16
4. Mi guía 9/29
5. Lámpara encendida 3/13

Caridad
1. Todos 6/13
2. Lengua 5/3
3. Amo por amar 8/20
4. Mi vocación es el amor 10/1
5. Suavidad 1/27
6. Buen Samaritano 2/4
7. Llama de amor 12/14
8. Sin límites 1/20
9. Amor 3/11
10. ¿Dónde estás, fuente? 5/1
11. No lo soporto 4/11
12. Mis ojos 7/14
13. Amar mucho 9/2
14. Corazón de piedra 11/3
15. Poner amor 12/2

Carismas
1. Carismas 9/25
2. Grande y admirable 3/18

Centrarse
1. Centro 1/22
2. A fondo 2/27
3. Pantano 7/18
4. Invócalo 10/10
5. Vida acelerada 4/18
6. Oxígeno 5/18
7. Gravedad 9/10
8. Pregúntale 3/21

Confesión
1. Confesión 4/16
2. Sed de perdón 10/14
3. Sucio 11/6

Consolar a Cristo
1. Herida profunda 1/14
2. Sagrado Corazón 10/16
3. Sed 9/11

Contemplación de la Pasión
1. Cruz 8/9
2. Cristo Crucificado (apéndice)
3. Getsemaní 10/15
4. Testigo (apéndice)
5. Crucifijo 2/16
6. Llagas 4/22
7. Hojas medicinales 6/14

Cristianismo
3. Encuentro 2/8
4. Cristiano 7/30
5. Camino 12/10
6. Jesucristo 10/17
7. Ramos (apéndice)

Debilidad
1. Debilidad 1/23
2. Mi roca 12/6
3. No puedo más 10/8
4. Resurrección 4/14
5. Fuerza 5/15

Decisiones
1. Turbación 3/12
2. Ahora 5/7
3. Rayo de luz 7/6
4. Pregunta 9/6

Determinación
1. Te escucho 10/27
2. Barreras 8/18
3. Hoy 3/26
4. La fuerza de tu amor 5/5

Discernimiento
1. ¿Cómo sé que viene de ti? 10/24
2. Iniciativas 7/15
3. Inspírame 3/31

Disfrutar
1. Concha 7/17
2. Disfrutar 2/25

Dones del Espíritu Santo
1. Entendimiento 1/7
2. Sabiduría 3/5
3. Temor de Dios 4/23
4. Piedad 5/11
5. Fortaleza 6/18
6. Consejo 7/10
7. Ciencia 8/16
8. Gracias, Jesús 10/22
9. Espíritu Creador 2/15

Eucaristía
1. Pan de los ángeles 1/28
2. Comunión 2/14
3. Bien dispuesto 12/25
4. Eucaristía 11/15
5. Comulgar 6/19
6. Acompañar 8/5
7. Alma de Cristo 7/31

Fe
1. El Intérprete 1/6
2. Creo 2/19
3. La estrella 4/8
4. Un velo 7/13
5. Escondido 11/13
6. Fervor 12/28
7. Creación 5/2

Flexibilidad
1. Sorpresas 1/29
2. Cuerdas 3/29
3. Control 9/26
4. Creatividad 5/16
5. Cambio de planes 12/20

6. Adaptación 7/23
7. Tropiezos 11/28

Fortaleza
3. Derrotado 2/13
4. Fuerte 7/26
5. Estoy cansado 6/23
10. Corazón firme 11/27

Gratitud
1. Gracias 11/4
3. Inspiración 3/1
4. Gracias, Padre 1/18
5. Medio lleno 4/17
6. Otra vez: gracias 5/17
7. Gracias por… 6/15
8. Manos 7/7
9. Luces y sombras 8/29
10. Me cuidas 9/9
11. Flores comunes 11/1
12. Tanta belleza 12/24

Humillación y fracaso
1. Dios sabe 8/24
2. Humillación 6/10
3. Fracaso 3/7

Intercesión
1. Desesperados 5/22
2. Adolescentes 1/21
3. Papa 2/22
4. Enfermo 3/9
5. Por los más necesitados 4/20
6. Ancianos 4/2
7. Seguridad 4/12
8. Simeón 2/2
9. Un beso 7/9
10. Se secan 3/15
11. Por el sacerdote 11/20
12. Esposas y madres 6/8
13. Misioneros 1/8
14. Rico en misericordia 10/6
15. Sacerdotes 8/4
16. Consagradas 8/21

Liberación
1. Esclavo 7/2
2. Liberación 5/14
3. Liberación de ataduras 3/14

María
1. María 3/25
2. La tilma de Juan Diego 12/12
3. Acércame a María 8/15
4. Sinergia 6/25
5. Todo tuyo 4/28
6. La mirada de María 9/15
7. Consagración Mariana 2/11
8. Dos 12/23

9. ¿Quién le dio fortaleza? 2/20
10. Ofrecimiento 11/21
11. Molde 1/1
12. Imperio de la alegría 5/31
13. Fátima 5/13
14. María Reina 8/22

Matrimonio y familia
1. Renovación matrimonial 3/16
2. Mi familia 1/9
3. Hijos 5/4
4. Tus hijos 9/24
5. Consolador 11/2
6. Agua viva 7/21
7. El don de la vida 9/8

Misericordia
1. Pecadores 1/16
2. A la hora de mi muerte 2/28
3. Misericordia 12/15
4. Salvación 6/11
5. Prójimo 8/19

Oración
1. Incienso 9/14
2. Estar 3/23
3. Rosario 9/19
4. Ecos 5/26
5. Hombros 7/25
6. Maestro 6/27
7. Hoy te quiero cantar 9/12
8. Transformante 10/9
9. Mano en el pecho 8/1
10. Escucha 4/4
11. Examen 4/1
12. Árbol 4/3
13. Perseverancia 1/26
14. Transfiguración 8/6
15. Experiencia 11/14
16. Tiempo 12/13
17. Soledad 5/28

Oscuridad
1. Llévame 7/22
2. Claridad 2/9
3. Sentidos 11/23

Otro Cristo
1. Unción 3/10
2. Buen olor 4/25
3. Transparencia 5/21
4. Transparencia del Espíritu Santo 6/22
5. Como brasa ardiendo 8/26
6. Espiritual 10/25
7. El Espíritu de Jesús 9/7

Paciencia
1. Paciencia 2/18
2. Seguir esperando 4/27

3. Has sabido esperarme 8/10
4. Piedra de río 6/3
5. Mi viña 12/26
6. Pierdo la calma 11/7

Paz

1. El Señor es mi pastor 12/18
2. Caricia 6/26
3. Calma 1/25
4. Paz interior 12/27
5. Van y vienen 9/20

Perdón

1. Perdón 3/22
2. Perdonar a todos 5/20
3. Humildad 7/20
4. Te pido por él 9/21
5. Omisión 11/19

Pobreza

1. Pobreza 8/11
2. Mendigo 10/31
3. Los pobres 12/9
4. Humo 6/2
5. ¡Ven! 12/1

Protagonismo

1. Orquesta 11/24
2. Hoja en blanco 1/3
3. Timonel 2/7
4. Usado 3/6
5. Ventana 6/24
6. Vamos arando 5/8
7. Mucho vino 5/25
8. No fui yo 10/12
9. Cántaro 8/7
10. Gloria 1/10
11. Árbol 4/3
12. El Santificador 11/10
13. Invisible 12/30
14. Zarza ardiente 9/13
15. Alzando velas 7/16
16. ¿Quién fue? 8/30

Protección

1. Ángel de mi guarda 10/2
2. Tranquilo 4/26
3. Alas 2/24
4. Miedo 8/3
5. Siempre fiel 3/24

Recogimiento

1. Llama 10/3
2. Tu tienda 2/12
3. Escuchar 10/28
4. Tienda del encuentro 8/17
5. Castillo interior 9/28
6. Tu jardín 3/27
7. Templo del Espíritu Santo 11/18

Sagradas Escrituras
1. Escritura 9/30
2. Palabra 1/11
3. Biblia 9/1
4. Sagrada Escritura 4/15
5. Cuando leo la Biblia 6/5
6. Siempre nuevo 11/26
7. Salmos 7/5
9. ¿Qué es el hombre? 2/26

Sed
1. Lluvia 12/7
2. Seco 7/4
9. Apertura 2/6

Servicio
1. Hospedar 7/29
2. Servir 4/9
3. Burbuja 5/29
4. Alegría 12/29

Silencio
1. José 3/19
2. Silencio 7/1
3. Estrellas 5/12
4. Sin palabras 9/22
5. El sonido del silencio 9/4
6. Me he vuelto sordo 11/5
7. Palabra secreta 9/3

Símbolos del Espíritu Santo
1. Pozo 6/7
2. Cascada 3/2
3. Ven Espíritu Divino (5/19)
4. Eco 3/28
5. Rocío 2/1
6. Río generoso 12/8
7. Polen 6/20
8. Río fecundo 6/12
9. Verde 7/19
10. Soplo 8/31
11. El dedo 9/18
12. Nube 10/13
13. Tú eres agua 11/22
14. El gran incendio 12/11
15. Injerto 2/3

Sufrimiento
1. Herido 11/12
2. Cicatrices 2/10
3. Purifica mi memoria 4/6
4. Mi buen samaritano 8/13
5. Roto 7/12
6. Me hundo 12/16
7. Cimientos 1/15
8. Demasiado 10/23

Transformación del corazón
1. Cincel 3/8
2. Purificación 1/19
3. Totalmente 2/23
4. Prohibido 3/20
5. Criatura nueva 1/31
6. Alfarero 4/10
7. Semejanza 5/10
8. Todo 7/8
9. Energía 10/20
10. Leche espiritual 12/4
11. Cosas santas 8/28
12. Espacios del amor 10/11
13. Nacer de nuevo 9/17
14. Aceite 5/23
15. Renuévame 6/17
16. Brasa ardiente 4/24
17. Conversión 10/5
18. Fuego 7/24
19. El modelo 11/16
20. Ley nueva 12/5

Unidad
1. Divisiones 3/3
2. Agua 6/28
3. Unidad 1/13
4. Orden 11/17
5. Granadas 11/30
6. Descienda tu lluvia 8/27

Vida eterna
1. Cielo 11/11
2. Creo en el Espíritu Santo 6/6
3. El mismo poder 4/30
6. Recalculando 12/17
5. Como el río 8/14
6. Abogado 3/30

Virtudes teologales
1. Ojos profundos 2/29
2. Despierta 10/18
3. Pruebas 7/3

Vivir en su presencia
1. Mientras caminas 3/4
2. Presencia 1/17
3. Hot spot 9/5
4. Permanente 6/1
5. Wifi 10/7
6. Niebla 4/13
7. Brisa 5/27
8. Ya te vi 6/21
9. Tu rostro 7/27
10. Momento presente 8/25
11. Como la hoguera 11/29
12. Cirio 10/26
13. En ti 12/22
14. Tu mirada 4/5
15. Girasol 1/24

Made in the USA
San Bernardino, CA
21 December 2017